Jagd in Langenhagen

Beiträge zur Langenhagener Lokalgeschichte

Von höfischer Jagd zum Hegering

Jagd in Langenhagen
vom 16. zum 20. Jahrhundert

Band I

Impressum

Bibliografische Information der Deutschen Nationalbibliothek:
Die Deutsche Nationalbibliothek verzeichnet diese Publikation
in der Deutschen Nationalbibliografie; detaillierte bibliografische Daten sind im Internet über www.dnb.de abrufbar.

© Hans-Jürgen Jagau 2018
Herstellung und Verlag:
BoD – Books on Demand, Norderstedt

ISBN: 978-3-7528-4181-7

Zu diesem Buch

Jäger erzählen bekanntlich gern von der Jagd. Ihre Zuhörer bemerken dabei gewisse Freiheiten. Derartige schöne, spannende und womöglich unmittelbar selbst erlebte Geschichten sind beliebt - ungeachtet ihrer zweifelhaften Wahrheit. Ein Körnchen dieser Qualität mag immerhin auch bei abwegig erscheinenden Ereignissen enthalten sein. Darum rankende Geschichten firmieren oft als „Jägerlatein", weil deren Inhalt den staunenden und dieses Lateins nicht mächtigen Hörern teilweise unfassbar erscheint.

Der Historiker versucht dagegen, fernliegenden und oft nur gering dokumentierten Ereignissen möglichst wahrheitsgemäß „auf die Spur zu kommen" (Ein Sprachbild, das, wie so viele, der Jägersprache entlehnt ist.). Trotz vieler Publikationen ist das Feld der Jagdgeschichte nicht umfassend abgegrast. Speziell zu den Verhältnissen in Niedersachsen gibt es relativ wenig. Immerhin erschien 2006 unter dem Titel „Jagd in der Lüneburger Heide" ein Begleitband zur gleichnamigen Ausstellung im Bomann-Museum-Celle. Wie allgemein üblich, wurden in Celle vor allem ältere historische Gegebenheiten erfasst. Auch da ist die Fülle des Materials kaum übersehbar. Will man die Verhältnisse bis heute beschreiben, ist eine gehörige Auswahl mit möglichst wenig eingeschränktem Blick erforderlich.

Im Zusammenhang dieser Reihe befasse ich mich vorrangig mit knapp 500 Jahren Geschichte speziell im Raum der Calenberger Vogtei bzw. des späteren Amts Langenhagen sowie der heutigen Stadt gleichen Namens. Gelegentlich erlauben die hiesigen Quellen einen Blick auf allgemeinere Jagdgeschichte. Insgesamt scheint mir die Geschichte der Jagd für und an diesem Ort keineswegs belanglos. War doch das Gebiet des alten Amts

Langenhagen, das sich zu großen Teilen mit dem heutigen Stadtgebiet deckt, lange Zeit höfisches Jagdgebiet.

Mit der höfischen Jagd waren die Einwohner des Amts Langenhagen keineswegs zufrieden. Ihre Gegenwehr gegen einige Jagddienste belegt die Haltung unserer Vorfahren in dieser Hinsicht. Erst recht lassen die Streitigkeiten und zugehörigen Verhandlungen wegen der Jagdgrenzen vielerlei Schlüsse zu.

Die Frage, was, wie und wo gejagt wurde, führt unmittelbar zu heutigen Problemstellungen. Zudem hatten Aufsichtspersonen regelmäßig mit Leuten zu tun, die sich um bestehende Verbote nicht kümmerten und dem Wild notgedrungen oder aus Jagdleidenschaft nachstellten. Was sich bei Wilderei und Grenzübertritten zutrug, ist zum Glück weitgehend Vergangenheit. Die in allen Fällen sichtbaren menschlichen Wesenszüge sind jedoch immer noch aktuell.

Höfische Jagd im 17. Jahrhundert

Grenzenlose Jagd in der Vorzeit?

Die frühesten Zeugnisse der Jagd in Langenhagen stammen aus der Steinzeit. Das zeigen einige, wenige Funde aus der Wietzeaue. Vor etwa 10.000 Jahren löste die noch jetzt andauernde wärmere Phase des Klimas die letzte Periode der Eiszeit ab. Schon frühere Vereisungen wurden durch mehr oder weniger lange Zwischenzeiten abgelöst, in denen es teilweise deutlich wärmer war. Bereits in diesen Interglazialen waren steinzeitliche Menschen in Niedersachsen auf der Jagd.

Die spärlich vorhandenen, aber zum Teil hochbedeutenden Funde von steinzeitlichen Jagdwaffen in Niedersachsen stehen in der Regel im Zusammenhang mit Seen oder Wasserläufen. Das ist einerseits aus Gründen erfolgreicher Jagd zu erklären, denn Wild muss zum Wasser um dort zu trinken oder es zieht zum Wasser, wenn es hart verfolgt wird bzw. sich schwer verletzt zurückzieht. Andererseits erhalten sich Funde erlegter Wildtiere nur dort, wo sie unter Luftabschluss rasch konserviert werden. Man muss also davon ausgehen, dass Funde wie der 1948 ergrabene Jagdspieß von Lehringen oder die erst vor kurzem entdeckten paläolithischen Speere von Schöningen außerordentlich selten sind. Zufällige Funde einzelner Steinwerkzeuge werden in der Regel nicht weiter wissenschaftlich bearbeitet, weil Finder entweder die Bedeutung des Artefakts nicht erkennen oder das auf dem Acker entdeckte Steinbeil zu Hause auf den Kaminsims legen.

In Langenhagen sind die Funde auch nur dem Zufall zu verdanken, dass man vor dem Ausbaggern der Wietzeseen noch einmal die dort bekannten Meiler und Eisenverhüttungsplätze erforschen und dokumentieren wollte. Vom Herbst 1969 bis zum

Frühjahr 1970 erforschte Archäologen mittelalterliche Verhüttungsplätze und Holzkohlen-Meiler in der Wietzeaue zwischen Langenhagen und Isernhagen. Dabei fand man nördlich des Reuterdamms zwischen Isernhagen HB im Osten und Langenhagen, Krähenwinkel sowie Kaltenweide im Westen steinzeitliche Flintgeräte und andere Einzelstücke.[i] Sie waren durch Pflügen an die Oberfläche gebracht worden.

Blick zum noch heute als Düne erkennbaren Kiebitzberg
(Foto Jagau 2018)

Die Mehrzahl der Gegenstände lag auf Geländekuppen. So auch auf dem nur schwach über das Niveau erhobenen Kiebitzberg, einer Düne vom Ende der Saaleeiszeit (vor etwa 130.000 Jahren). Das Bild zeigt den losen Flugsand der alten Düne, in dem Tiere ihre Spuren tief auf dem frisch bestellten Acker abdrückten.

Anhöhen in den über Jahrtausende sumpfigen Wietzeauen waren als Lagerplatz streifender Jäger vorteilhaft, weil sie Überblick versprachen und trockenen Untergrund für das Lager boten.

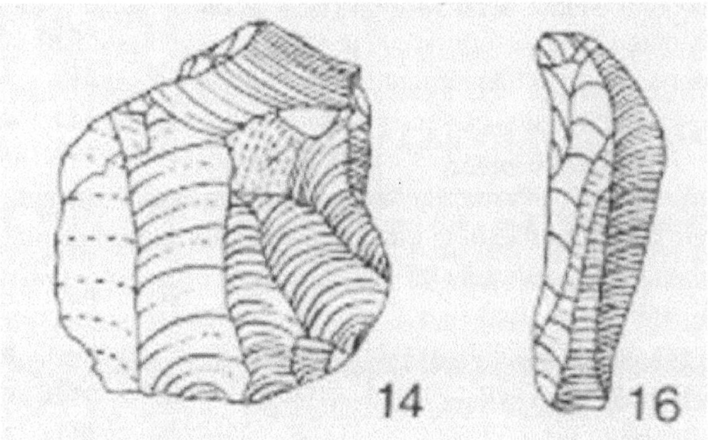

Am Bild vom Fund Nr. 14 (Kernstück) kann man die Bearbeitungsspuren durch Abschlagen gut erkennen. Daneben ist eine Messerklinge (etwa 5 cm lang) abgebildet (Nr. 16). Da derartige Artefakte nicht sicher datiert werden können, steht nur fest, dass steinzeitliche Jäger die Wietzeaue als Jagdgebiet nutzten. Nördlich der Bahnlinie fand man auf der Isernhagener Seite der Aue ein Steinbeil (Jungsteinzeit) sowie einen Schleifstein (römische Kaiserzeit), die zeitlich zugeordnet werden konnten.

Funde aus der Steinzeit sind relativ selten. Das sollte jedoch nicht über die jagdliche Aktivität der steinzeitlichen Jäger während der verschiedenen Phasen der Eiszeiten täuschen. Sie durchzogen weite Streifgebiete auf der Suche nach geeigneter Beute. Wie bei allen Jägervölkern bestimmte ihr Jagdwild den Alltag. Sie konnten deshalb nicht sesshaft sein, weil dann das

Wild bald im Raum um die Behausung verschwunden wäre. Höhlen standen im hiesigen Raum nicht zur Verfügung, also mussten leichte, schnell zu fertigende Unterstände als Wohnung dienen. Größere Zelte aus Tierhäuten wären denkbar, sind aber wegen zu hohen Gewichts erst durch Nutzung von Lasttieren „tragbar". Decken[1] oder Felle werden die Steinzeitjäger an erster Stelle für ihre Bekleidung genutzt haben. Vermutlich kommt die inzwischen auch vergangene Lebensweise der Menschen in den nördlichsten Breiten der Erde ihrem Leben noch am nächsten. Fleisch und damit die Jagd dürfte eine ganz wichtige Rolle in ihrem Lebensunterhalt eingenommen haben. Sicher haben die Menschen auch Wildfrüchte – soweit vorhanden – gesammelt und verzehrt. Ob vor Tausenden von Jahren schon Techniken der Konservierung genutzt wurden, ist unbekannt. Man darf sich – wie gerade Erkenntnisse neuerer Zeit zeigen – die Menschen der Vorzeit jedoch nicht zu primitiv vorstellen. Was die Jagd betrifft, dürften sie heutigen Jägern - von der Ausrüstung einmal abgesehen – hoch überlegen gewesen sein. Die damaligen Waffen wie Jagdspeere sowie Pfeil und Bogen erforderten große Nähe zum Wild um wirksam zu sein. Zudem gehörten Kraft, Geschicklichkeit und im Falle wehrhafter Beute auch Mut zur erfolgreichen Jagd.

Wir wissen zwar nicht, was die vorzeitlichen Jäger im Wietzetal erbeuteten und wie sie dies taten, weil am Kiebitzberg keine Tierknochen gefunden werden konnten. Rotwild, Rehe und Wildpferde wären geeignete Beute. Auch kleinere Tiere wurden wahrscheinlich erlegt. Entscheidend war dabei das ökonomische Verhältnis zwischen Aufwand und Ertrag. Die auf dem

---

[1] Jägersprache für Häute von Rot-, Dam- und Rehwild sowie Rentieren.

Kiebitzberg gefundenen Werkzeuge aus Feuerstein kamen erst nach der Jagd beim Häuten und Zerlegen des Wildes zum Einsatz.

Wie weit die Jagd in der Steinzeit grenzenlos frei war, ist mangels Beweisen nicht zu ermessen. Man kann aber davon ausgehen, dass die wenigen Menschengruppen, die damals riesige Streifgebiete nutzten, einander nicht in die Quere kamen. Grenzen gab es für sie nur durch natürliche Hindernisse, das Vorkommen der Beutetiere und ihre eigenen jagdlichen Fähigkeiten. Grenzstreit wird erst entstanden sein, wenn die einen glaubten, durch andere um ihren Lebensunterhalt gebracht zu werden. In dem Falle dürften sie Jagdwaffen als Kriegswaffen gebraucht haben.

Das Jagdrecht – „Jagdgerechtigkeit"

In ältester Zeit war die Jagd nur durch die vorhandene Beute und die Fähigkeiten der streifenden Jäger begrenzt. Sesshafte Menschen sahen später „ihr Land" auf dem sie wohnten und arbeiteten als natürliches Jagdgebiet an. Die Jagd war frei sofern man nicht dem Nachbarn ins „Gehege kam". Das Jagdrecht war mit dem Grundbesitz verbunden. Jagen konnten natürlich auch andere Jäger, sofern sie sich nicht erwischen ließen. Im Laufe des Mittelalters entzogen die jeweiligen Herrschaften Grundbesitz und Jagdrecht dem „gemeinen Mann" mehr und mehr. In der frühen Neuzeit waren die Verhältnisse geklärt: Feld, Wiese, Wald und Jagd gehörten dem Landesherrn bzw. adeligen Grundherren. Ihr Jagdvergnügen war wie der wichtige Nachschub für die Küche durch strenge Grenzen geschützt.

Petrarca Meister (16. Jh): Jagd auf Hirsch, Bär und Schwarzwild
in einem geschlossenen Hagen

Begrenzte Jagd für die Vögte in Langenhagen

Dokumente über die Jagd in der Amtsvogtei Langenhagen gehören mit zu den ältesten überlieferten Quellen der Ortsgeschichte. Daran erkennen wir die Bedeutung der Jagd und des Jagdrechts in alter Zeit. Im 16. Jahrhundert war der landesherrliche Anspruch auf die Jagd in seinem Territorium längst durchgesetzt. Das betraf besonders die sogenannte „Hohe Jagd" auf Hirsche, Kahlwild und Wildschweine beiderlei Geschlechts. Es war aber keineswegs so, dass alle übrigen Wildtiere dann für den ortsansässigen Adel verfügbar waren. Bauern hatten zu dieser Zeit im Grundsatz kein Jagdrecht, sondern allenfalls die Pflicht, bei herrschaftlichen Jagden in verschiedenen Formen zu dienen. Dafür kannten sie sich in der Feldmark aus. Sie wussten, wo der Hase seinen Pass hatte. Weil die Amtsvogtei Langenhagen nördlicher Nachbar der Stadt Hannover war, spielten die dortigen Bürger ebenfalls eine Rolle, wenn es um das hiesige Jagdrecht ging.

Die früheste Quelle ist das alte „Höltingsgerichts-Protokoll"[ii] aus dem Jahr 1528, das ohne näheren Zusammenhang mit den sonstigen Teilen der Gerichtsverhandlung auch Vorschriften für die Jagd im nördlichen Langenhagen enthält. Diese Vorschriften wurden dem Dokument allerdings erst später zugefügt. Eine genaue Datierung dieses Teils ist daher nicht möglich. Das überlieferte Protokoll wurde 1574 ab- und umgeschrieben, die darin enthaltenen Teile sind daher auf jeden Fall älter. Ähnliche, zum Teil wortgleiche Bestimmungen der Jagdgrenzen findet man auch in anderen Akten aus dem 16. Jahrhundert. Das ist ein Zeichen für ihre Bedeutung im Rahmen diverser Grenzstreitigkeiten.

Seite mit dem untenstehenden Text aus dem Protokoll

Es magk auch der Vogt zum Langenhagen, wan er den obabgezeigten Hagen jagen will, die Hunde zu lössen haben, in der Landwehr, so vom Langenhagen nach dem Borgkweddelschen Bollwege gehet, im Masper Hege, Twenger Hege, und ahn der Eickhorst bey dem Bissendorffer Schlaggen, und seine Suche, die Landwehr und Morbruch endtlang und seinen Umbzugk zu Ende der Netze bey dem Ulenbringke nehmen, und stracks nach dem aufgeworffenen Erdhauffen auf dem Mittel der Nattelweges Heide, ahn demselbigen Uffworff, soll er stehn bleiben seine Hunde umbelocken, und jene nicht weitter volgen, sondern stracks widder nach dem Hagen, in der Sondersriede sich wenden und ziehen, Gleichergestald mag der Calenbergische

Bei dieser Grenzbeschreibung wurde vornehmlich geklärt, wo der jeweilige Jäger die Hetzhunde vom Strick lösen durfte. Außerdem wurde anhand von Grenzzeichen wie Erdhaufen, Wegen, Grenzstellen (Bissendorfer Schlag[baum]) oder Flurbezeichnungen festgelegt, welches Gebiet bejagt werden durfte.

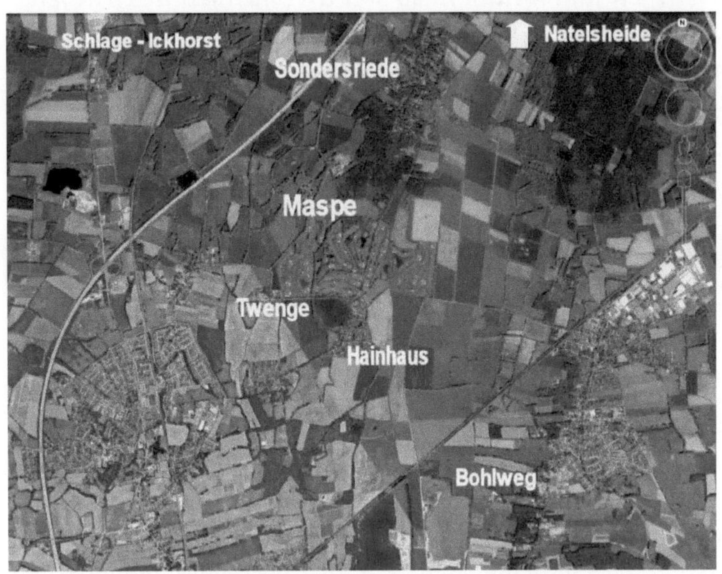

Jagdgebiet der Vögte im 16. Jh. Aufn. Google Earth 2016

Nach dieser Grenzbeschreibung durften Jäger des Fürstentums Calenberg sowie die „Vögte zum Langenhagen" weit über die Grenze des Fürstentums hinaus im Tal der Wietze jagen. Das konnte den Nachbarn zu Bissendorf nicht gerade gefallen. Ein etwas späteres Dokument aus dem Jahr 1538 gibt guten Einblick in die damaligen Verhältnisse:

*Der Voigte zum Langenhagen Jagtgerechtigkeit im
Lüneburger Lande undt uff der Grentze.[iii] Extract
aus der Transaction, so zwischen des Hertzogen v.
Lüneb. u. Braunschw. Abgeordneten in Ao. 1538 uff-
gerichtet:*

*Und derweill dann die Vögte zum Langenhagen
undt Bißendorff einen Rehehagen[2] in der Sandersriede zu jagen haben, so soll an Mangell des Hagens
alleine Rehepfande und keine gröbere und starg-
kere Netze gestellet und gebraucht werden. Waß
sich auch des Jagens und Hagens halber beyderseits
zugetragen, soll aus und abe [?] undt alle Ungnade
gefallen sein. Eß sollen aber beiderseits der Fürsten
Voigte undt Unterthanen sich bey Vermeidung
schwehrer Straffe undt Ungnade hinfürter deß
Schießens nach hohem Wilt und Rehe enthalten und
sich des keineswegs vor sich zu gebrauchen oder anderen zu thun gestatten.*

Zugegeben, das damalige Deutsch ist nicht leicht verständlich.
Außerdem ist der handschriftliche Text nicht vollkommen les-
bar. Wir sehen aber sofort, dass es zwischen Abgeordneten der
beiden Herzogtümer Braunschweig und Lüneburg eine „Trans-
aktion" also Verhandlungen mit Abschluss einer Vereinbarung
gab. Zum Verständnis ist etwas geschichtlicher Hintergrund
vonnöten. Die namensgleichen Herzogtümer sind auf die 1269
vollzogene Teilung des ursprünglichen Herzogtums zurückzu-

---

[2] Ein Rehhagen bestand aus einem von dichten Hecken mit kleinen
Durchlässen umschlossenen Gebiet. Bei der Jagd wurden die Durch-
lässe mit Netzen (Rehgarn) verschlossen und Rehwild in den Hagen
getrieben. Die in den Netzen zappelnden Rehe konnte man dann
mit Messern oder Jagdspießen „abfangen" (töten). (S. Bild S. 12)

führen. Die nachfolgende Geschichte der welfischen Erblande ist wegen weiterer Teilungen wie auch Zusammenlegungen höchst kompliziert und hier nicht weiter zu beachten. Man muss sich allerdings merken, dass der an die Calenberger Amtsvogtei Langenhagen grenzende Lüneburger Teil nicht vollkommen fremdes Gebiet war. Dadurch glaubten Beamte auf beiden Seiten der Grenze immer wieder gern, sie könnten doch durchaus ein Jagdrecht beim Nachbarn ausüben. Das fiel allerdings dem jeweils anderen auf und blieb dann nicht ohne Konflikt. In der Verhandlung des Jahrs 1538 wurde infolgedessen vereinbart:

1. sollen keine stärkeren Netze als Rehgarn gestellt werden (damit nicht etwa Hirsche oder Wildschweine gefangen werden),
2. sollen die geschehenen Vorkommnisse nicht mehr beachtet werden,
3. dürfen die Vögte wie andere Untertanen auf beiden Seiten der Grenze nicht mehr auf Hochwild oder Rehe schießen.

Das Hochwild blieb also eindeutig den beiden Landesherren vorbehalten. Beim Rehwild wurde nur der Schuss verboten, die Hetze mit Hunden und das Stellen von Netzen blieb den Vögten erlaubt. Für diese Jagd nutzte man den genannten „Rehehagen", den man sich als von Hecken begrenztes Gehege für Rehe vorstellen muss. Lücken zwischen den Hecken konnten bei der Jagd mit Netzen verstellt werden. (s. S. 18)

Im 16. Jahrhundert wurde Wild vorwiegend bei der damals allgemein üblichen Hetzjagd von Hunden aufgespürt und in gestellte Netze getrieben. Dort wurde es dann mit „kalten Waffen" Hirschfänger oder Jagdspieß „abgefangen". Als jagdliche Schusswaffe brauchte man noch vielfach die Armbrust. Sie wurde erst später mit der weiteren Entwicklung jagdlicher Feuerwaffen obsolet.

Petrarcameister (16. Jahrhundert): Freuden der Jagd:
Eingestelltes Jagen in einem Hagen. Die Einläufe wurden durch
Netze verschlossen, das Wild kann nicht mehr entkommen und wird
mit dem Jagdspieß „abgefangen".

Bei den erwähnten Verhandlungen wurde auch über eine Wolfsjagd gestritten, die der Vogt aus Langenhagen (Heinrich Lorleberg, Vogt von 1532 – 1554) auf Lüneburger Gebiet gehalten hatte. In dieser Sache schloss man einen Kompromiss, denn in der Regel sollten beide Vögte zukünftig gemeinsam den Wölfen nachstellen. Die Wölfe sollten für die aufwendige Jagd sicher bestätigt sein. In der Urkunde liest sich dies folgendermaßen:

„Daß aber die Lüneburgische der Wulffesjagt halber, so der Voigt beym Reße gethan, geclaget, ist verhandelt, das hinfürter der beiden Fürsten Voigte des Orths, so Wülfe vorhanden, und die Kenner daß anzeigen undt clagen, sollen sembtlich stellen undt nach den Wölffen jagen derogestalt, daß, an welchen Voigt das Wolffgeschrey oder Clagen am ersten gelanget, derselbe soll solches dem anderen Voigte anzeigen undt zuesambt Jagt der Wölffe föderen undt also sembtlich die Wolffe jagen. Da aber ein Voigt uff solch Anzeigen und Forderen zue jagen nicht gesinnete wehr, soll der ander Voigt nicht destoweniger nach den Wölffen zur Noturfft undt guetem der Menner zu jagen Macht haben und sollen damit keinem Theile an seiner Ober- und Gerechtigkeit nichts entzogen seyn.“

Wolfsjagd darf im 16. Jahrhundert noch als Gemeinschaftsaufgabe angesehen werden, denn man wollte Wölfe wegen des auf freier Weide grasenden Viehs nicht dulden. Viele Wölfe werden im deckungsarmen Gebiet der Vogtei Langenhagen kaum ihre Fährte hinterlassen haben. Die Herrschaften wollten denn auch nicht auf einfachen Zuruf und aufs Geratewohl zu einer aufwendigen Wolfsjagd rüsten. Es mussten schon

„Kenner" das „Wolfsgeschrei" erheben und Wölfe einigermaßen sicher bestätigen. Mit Rücksicht auf den großen Bewe-
gungsradius eines Wolfsrudels kann man davon ausgehen,
dass ein gesichteter Wolf sich nicht unbedingt länger in der
Vogtei aufhielt. Die Vögte werden wohl erst dann aktiv geworden sein, wenn ein Weidetier – Schaf, Schwein, Rind oder Pferd
– gerissen worden war. Berichte über hier abgehaltene Wolfs-
jagden liegen nicht vor. In der weiteren Umgebung wurden immer wieder große Jagden auf Wölfe abgehalten. Besonders zur
Zeit des Dreißigjährigen Krieges und bis hundert Jahre danach
ging man nördlich von Hannover gegen Wölfe vor.

Die obigen Teile des alten Dokuments belegen vorfallende
Streitigkeiten wegen der Jagdgrenzen zwischen den beiden
Herzogtümern. Nun waren Grenzen damals nur durch Überein-
kunft zwischen den Nachbarn festzusetzen. Wenn man eine
natürliche Landmarke, wie etwa die Wietze, als Grenze nutzen
konnte, war die Einigung noch einigermaßen einfach. Schwierig wurde sie beim Grenzverlauf über Heide und Moor Richtung Resse, weil es dort an Landmarken fehlte. Zudem hatte
jemand den vorhandenen „Rehehagen" verrückt, was nichts
anderes bedeutet, als dass er das Gehege abgerissen und an
falscher Stelle wiedererrichtet oder gar vollkommen wegge-
nommen hatte. Diese Sachverhalte stellten die Beamten damals im Rahmen ihrer Ortsbegehung fest. Sie wollten darüber
durch Befragen der zuständigen Amtsvögte genauere Kunde
erhalten:

*Nachdehm den auch in gehabter Besichtigung undt
Erkundigunge befunden, das zwischen dem Pferde-
hagen, Sanderßriede und Burchwehdelschen Bohlwege an dehm Orth Holtzes keine Irrung undt daß
Holtz undt Mast lünebürgisch ist, Graßhuete aber*

beyden Theilen gemein undt daß ein Rehehagen des Orths auch gelegen, der beyden Fürsten Voigten zu bejagen gebühret, aber Verrügkens halber derselbe Rehagen irrig worden, wirdt solches Verrückens halber vor guet angesehen, daß der alte und jetzige Voigt, so im Leben sein, sollen endthafftig gemacht undt darauf befraget werden, wie sich die Verrückung des Rehehagens zugetragen undt wie lange es sey, daß dieselbige geschehen undt also der Rehehagen vernewert, so eben aus solcher Kuntschafft zue finden, das die Verrückung in so kurtzen Jahren fürgenohmmen undt geschehen wehr, das daran die Zeit der Verjährung nit verlauffen, das aß den daß so mit Verrügken genohmmen, wider nidergelegt undt der Rehehagen wie von altersher in seinem Maaße gelaßen werde.

Wie damals in der Rechtspflege üblich, versuchte man der Sache auf den Grund zu gehen, indem das (Schieds-)Gericht möglichst viele alterfahrene Männer dazu befragte. Das waren zunächst die Vögte, an zweiter Stelle aber auch ortskundige Männer, die z. B. schon früher an Jagden nahe der Grenze beteiligt waren. Als Langenhagener Vögte kamen der durch seine Entführung im Jahr 1541 bekannte Heinrich Lorleberg sowie sein Vorgänger Curdt Warnecke[3] in Betracht. Die Beamten stellten allerdings fest, dass der genannte „Rehehagen" schon vor längerer Zeit nicht mehr intakt war. Daher regten sie eine Überprüfung der dortigen jagdlichen Gewohnheiten an:

---

[3] Amtsvogt um 1523

„... wirdt vor guet angesehen, das die nachbenannte alß Churdt Warncke, Henning Franke[4], Ive von Botmer und Hermen Schlüter sollen endthafft gemacht undt darauff gefraget werden, an welchem Orthe der Rehehagen des Orths in der Sandersriede gelegen undt wie ferner sich die Stellunge[5] erstregket, an welchen Ohrte die Jeger von altersher die Hunde gelöset und seinen Zugk gemacht, so man sich dan daraus der alten Haken oder Stelstedden gewißlich erkunden wirdt, wie zu verhoffen, daß alßdan die Hage oder Stelstedde vermahlzeichnet werde undt daselbst gelaßen und bleibe, nicht verrügket noch verlängert soll werden. Waß dan die Erkundigung des Lösens undt Umbholens halber auch geben wirdt, das sich die beyden Voigte zum Langenhagen undt Bißendorff hinfürter das auch also halten sollen und solle das Austregken der Netze undt Hagens nicht lenger und ferner geschehen, den wie die obangezeigte Kuntschafft undt darauff die Vergleichung Anzeigen undt geben wirdt."

Diese umfangreichen Erkundigungen endeten in einem Vergleich zwischen den herzoglichen Beamten, der als Rezess zwischen Herzog Ernst und Herzog Erich I. von den Calenberger Vertretern aufgezeichnet wurde. Dabei schrieben sie zunächst die oben schon erwähnten Begrenzungen der Jagd – insbesondere in der Art der verwendeten Netze – fest. Außerdem kam

---

[4] Amtsvogt bis 1532

[5] Orte an denen die Netze „gestellt" wurden. Das geschah entweder durch Anheften an Bäumen oft aber an mitgebrachten Stangen, die in den Boden gerammt wurden. Die Abbildung auf Seite 14 gibt davon einen Eindruck.

man überein, die Jagdgrenzen durch Zeichen kenntlich zu machen, damit weitere „Irrungen" vermieden würden:

„Demnach sich Irrungen der Jagt, Holtzhauwens undt Mast halber in der Sandersriede erhalten, haben wir die Verordenete nach gethaner Besichtigunge undt gehaltener Erkundigunge solche Irrungen mit beyden Theilß Bewilligunge wie nachfolget verglichen und vertragen undt nemblich also, das beyder Fürsten Voigte sollen den Hagen in der Sandersriede zu jagen haben. Welcher Fürst aber solchen Hagen durch seine Jeger will bejagen laßen, dehmselben soll es freystehen undt soll der Jeger den gantzen Hagen zu bejagen haben undt soII die Stellstelde undt Hagen bey dem Uhlenbrinke an einem auffgeworffenen Erdthauffen undt nicht weiter gehen, wie solche Hachstedde durch das Holtz biß an die Wietzen undt darüber biß an den Erdhauffen mit Wulffesangelen an die Eichbaume gehauwen, vermahlzeichnet ist, welche vermahlzeichnete Hagen undt Stellstedde mit den Hagen undt Stellunge der Rehepfande undt Sohle soll gehalten undt in Mangell deß Holtzes mit Rehenetzen wie berühret undt mit keinen anderen Netzen soll bestellet werden.

So soll die Braunschweigische ans Ende der Netze bey dehm Uhlenbringke einen Orth- oder Endehitzen haben. Derselbige soll mit seinen Winden stehen bey den aufwürffen Erdhauffen in Giseken Clawes Wische, dergleichen, wen der Umbtzugk zum Ende der Netze am Uhlenbringke geschieht, nach der Natellweiges Heide, wie hernach gemeldet wirdt, mag derselbige Orths- oder Endehitzer uf die ander halbe nach der Natelweiges Heide auch bey einem ufgeworffenen Erdhauffen, auffgemeltes Clawes Wischen stehen undt weiter in die Wisch noch anders wohin nicht treten. Aber im anderen Ende deß Hagens zwischen der Wietzen undt Isernhägern Wischen, dar der Hage an Erdhauffen wendet, soll dem Braunschweigischen Theill kein Orth noch Ende hetzen auch an keinen Theil deß Hagens oder der Netze einige Schawlappen, Tücher oder Schregke stellen. Eß magk auch der Voigt zum Langenhagen, wenn er dehn abgezeichneten Hagen jagen will, die Hunde zue lösen haben. In der Lantwehr, so vom Langenhagen nach dehn Borchwehdelschen Bohlwege geit, im Masper Hege, Twenger Hege undt an der Eichhorst bey den Bißendörffer Schlage undt seine Suche die Lantwehr undt Mohrbrogk entlangk undt seine Umbzugk zue Ende der Netze bey dem Uhlenbringke nehme undt stragks nach dem ufgeworffenen Erdhauffen auff dem Mitteil der Natellwegsheide an demselben Ufwürff soll er stehen bleiben, seine Hunde umblogken undt nicht weiter folgen, sonder straks wieder nach dem Hagen in der Sandersriede sich wenden undt ziehen. Gleichergestalt magk der Lüneburgische Jeger auff den itz angezogenen undt berührten Stellen seine Hunde auch lösen, aber seinen Umbzugk seines Gefallens nehmen."

Ausschnitt aus Petrarcameister: Freuden der Jagd

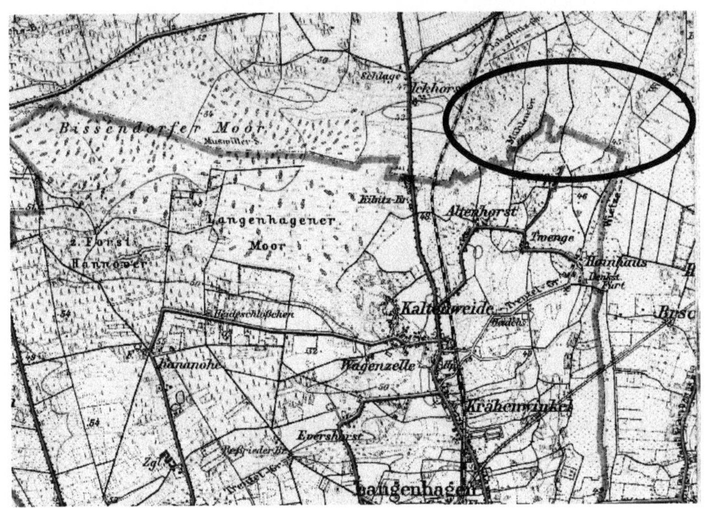

Die erwähnte Sandersriede liegt im Grenzgebiet
nördlich von Maspe (Karte aus dem Jahr 1920)

Diese Vereinbarung ist genauer als die Beschreibung im Höltingsgerichtsprotokoll. Außerdem zeigt sie einiges über die damalige Jagd. Diese fand erstens, wie schon erwähnt, als Hetze mit Hunden statt. Die aufgescheuchten Tiere fing man in Netzen. Wenn keine Hecken, wie bei einem Rehhagen den Lauf der flüchtenden Tiere in die Netze lenkte, sorgte man durch an Seilen aufgespannte – „gestellte" - auffällige Lappen, Tücher oder andere Schreckmittel dafür. Bei dieser sogenannten Lappjagd konnten die Jäger dem Wild erheblich längere Strecken versperren, wenn es nicht „durch die Lappen" ging. Die eingelappten Sperren leiteten das gehetzte Wild dann in den mit den Stellnetzen verschlossenen Bereich, in dem die Jäger das verfangene Wild mit dem Spieß oder dem Hirschfänger abstachen (s. Abbildung auf S. 25).

Streit um Jagdgrenzen mit der Altstadt Hannover

Das jeweilige Jagdrecht war im 16. Jahrhundert besonders zwischen der Vogtei Langenhagen und der Stadt Hannover strittig. Rechtliche Auseinandersetzungen begannen noch zu Lebzeiten von Herzog Erich II. und setzte sich während der Herrschaft Herzog Julius' fort. Von 1583 bis 1589 wurde die Sache mit Prozess vor dem Hofgericht ausgetragen. Dazu gehörten ausführliche juristische Gutachten, die das damalige Verständnis des Jagdrechts verdeutlichen.

Es ging um die Frage, ob die Bürger Hannovers in der Amtsvogtei Langenhagen Niederwild wie Hasen oder Rebhühner jagen dürften oder nicht. Der ganze Streit ist in umfangreichen Akten bis heute überliefert. Sie zeigen, dass man damals aus ganz ähnlichen Gründen wie heute umfangreiche Prozesse führte. Die gelehrten juristischen Ausführungen dazu sind dagegen eine spezielle Sache dieser Zeit. Sie belegen aber aus welchen Quellen sich das heutige Rechtssystem entwickelte. Insofern sind sie nicht nur für Fachhistoriker interessant.[iv]

Erich II Herzog von Braunschweig und Lüneburg (Wikipedia gf)

Erstes Zeugnis der Streitigkeiten um die jeweiligen Jagdrechte ist ein Schreiben im Namen von Herzog Erich II vom 27. Januar 1583. Der wenig später verstorbene Herzog hielt sich in dieser Zeit kaum in seinem Fürstentum Calenberg auf, sondern zog Italien – unter anderem besaß er ein Palazzo in Venedig – bei weitem vor. Anlass des Briefes war die Klage von Bürgermeister und Rat der Altstadt Hannover gegen Beamte und Amtsgehilfen in der Vogtei Langenhagen. Letztere hatten hannoverschen Bürgern Jagdwaffen und Beute abgenommen und sich dabei darauf berufen, dass diese dort keinerlei Jagdrecht hätten. Die Hannoveraner vertraten dagegen die Meinung, seit alters her berechtigt zu sein.

Petrarcameister: Überall herrscht Streit auf der Welt (Heraklit)

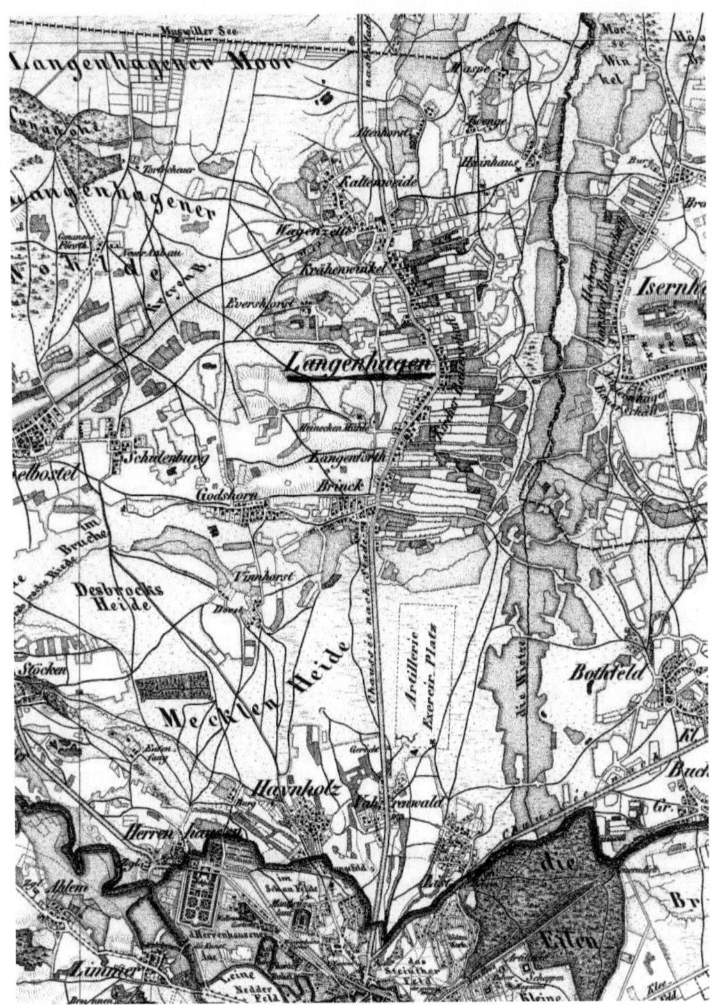

Karte aus dem Jahr 1832

Zum Urteil über diesen Streit muss man die Grenzen der Vogtei bzw. des späteren Amtes Langenhagen kennen, die bis weit in den heutigen Stadtkern der Landeshauptstadt hineinreichten. Die obige Karte aus dem Jahr 1832 zeigt die südliche Grenze recht deutlich. Die Dörfer Vahrenwald, Hainholz und Herrenhausen gehörten zum Amt. Selbst bis zum damaligen und heutigen Steintor reichte das Gebiet. Zwar waren die Bürger Hannovers berechtigt, ihr Vieh auf Weiden der Nachbarn weiden zu lassen, aber – wie bei allen Doppelberechtigungen – lag zugleich Streit darüber in der Luft.

Nun war das Jagdrecht Sache der jeweiligen Grundherren. Die hohe Jagd blieb ohnehin dem Landesfürsten vorbehalten. Im Amt Langenhagen bestanden jedoch ungeklärte Verhältnisse. Zum Teil gab es adelige Grundherrschaft, zum Teil – so etwa im Hagenhufendorf Langenhagen – war der Landesfürst Grundherr. Für ihn gingen seine jeweiligen Beamten in ihrem Bezirk auf die Jagd, wenn der Fürst dies nicht selber tun wollte. Das erbeutete Wild hätten sie - so wie heute - an den Inhaber des Jagdrechts abliefern müssen. Das war nun aber schwierig, denn Erich II. weilte meist nicht im Lande. Außerdem wäre eine Lieferung an sein Hauptschloss in Hannoversch Münden nicht zweckmäßig. Das Wild wäre eher verdorben und mit mächtigen „haut gout" angekommen. So werden die Amtsvögte und ihre Gehilfen, wenn sie schon die Beschwernisse der Jagd auf sich genommen hatten, das erbeutete Wild selber in ihren Haushaltungen verwertet haben. Da kamen Mitnutzer - man darf ergänzen: speziell aus Hannover - höchst ungelegen.

In diesem Spannungsfeld hielten sich der Herzog und die für ihn aktiven Räte zunächst neutral. Der Amtmann von Wülfinghausen erhielt deshalb den Auftrag, sich die Parteien anzuhören und die Grundlagen des Rechtsstreites zu ermitteln. In dem zugehörigen Schreiben vom 22. Jan. 1583 an *„Cunradt Büßingk Amtmann zue Wüllffinghausen"* informierte man ihn zunächst sachlich: *„Bürgermeister und Rath unser Stadt Hannover sich über die Beamten und emhter unser Voigtey Langenhagen wegen unbefugter Molestirung und Beeinträchtigung, so jene von denselben an Ihrer angezogenen wolhergebrachten und vertrugste und prescribirten und ersessenen Jagensgerechtigkeit und sonsten undertanen … beklaget und darneben underthaniglich gebetten, weill sie und Ihre vorfahrn Ir und allewege in ruheliche quasi possession sollichen Jagens gerechtigkeit gewesen, und pillich darbey erhalten wurden.“* Bürgermeister und Rat der Stadt Hannover waren also der Meinung, ein Jagdrecht in der Vogtei Langenhagen seit langer Zeit zu besitzen. Es sei hergebracht, verschrieben und ersessen und schon im ruhigen Besitz ihrer Vorfahren gewesen. Ein hergebrachtes bzw. durch faktischen Besitz ersessenes Jagdrecht fußt noch auf sehr alten rechtlichen Überlieferungen, schriftliche Belege darüber, etwa in Urkunden, entsprachen eher den Bedingungen der Neuzeit. Herzog Erich II. sollte die Hannoveraner nun in diesem nicht festgeschriebenen Recht schützen und seine Beamten in Langenhagen mäßigen.

Der Landesfürst mochte sich aber nicht ohne weitere Untersuchung auf die Seite Hannovers schlagen. Deshalb erhielt der Wülfinghauser Amtmann diverse Handlungsanweisungen zur näheren Untersuchung: beide Seiten sollten gehört werden, dazu wären Zeugen zu vernehmen, sofern sie nicht aufgrund Alters und „Leibesschwachheit“ sich nicht recht erinnern könnten. Beiden Seiten – Klägern wie Beklagten – wären die Beweisstücke jeweils in Kopie zuzustellen. Sie dürften auch Advokaten zur Unterstützung heranziehen. Außerdem sollten die Befragungen an festgesetzten Terminen in klarer Form stattfinden.

Der Hinweis auf die klare Befragung dürfte angesichts der damals stark verklausulierten Schriftsätze mit für uns heute oft schwer nachzuvollziehenden Denkstrukturen durchaus berechtigt gewesen sein. Wie berechtigt das war, wird sich später noch zeigen.

Herzog Julius
Abbildung aus der Kirchenordnung für das Herzogtum Braunschweig-Lüneburg, Wolfenbüttel 1569 (Nachdruck 1615)

Wie weit die Untersuchung damals gedieh, kann heute nicht mehr geklärt werden. Es ist aber anzunehmen, dass sie im Sande verlief. Für diese Annahme spricht erstens der Tod des Herzogs am 17. November 1584 in Pavia und zweitens die Fortsetzung des Streits unter Erichs Nachfolger Herzog Julius von Braunschweig und Lüneburg. Dazu liegen aufschlussreiche Briefe und andere Dokumente vor. Der erste Brief des Herzogs belegt eine politisch gravierendere Bedeutung der Angelegenheit, als sie bloßer Streit um Jagdgerechtigkeit haben könnte. Das etwas gekürzte Original lautet:

An Vicehoffrehten und Beisitzer zu Helmstedt in Sachen Hannover contra Großvoigten und Ambtman zum Calenbergs Jagt und Schießens halber in der Voigtey Langenhagen und Prozeß einhaltens Dat. 22.Febr. ao 86

Unsern Gruß zuvor, Ehrenveste, Hochgelarte und Ehrbare Räthe, liebe ....

Uns kombt für wes gestaldt ... mich auff zuhalten der ersamen fürsichtigen unser auch lieben getreuen Bürgermeister und Rath unserer Stadt Hannover wegen geklageten angegebener Gerechtigkeit so sie und Bürger der Stadt in unser Voigtey Langenhagen ein Schißen und Jagen nach Nieder und anderem Wildt-Predt zukünfftigen vermeinen, darein ihnen aber einst auch von den unseren geschehe und was hierunter weiter von jenen vermeldet von auch ein gerechtlich citation zu unserem Großvoigt und Ambtmann beim Calenberge erkannt und

*insinuirt sein soll. Als wir uns wegen unser all-
gemeiner getreuen Landtschafft zu Gandersheim
auff unserem gehaltenen Landtage dahin gnediglich erkläret, das wir solche nachbarliche
und andere desgleichen missen und Irrung so
sich zwischen uns und unsern Ämbtern auch
sonsten und unsern landtständen zubereit erhalten und noch ferner zutragen möchten ehr
und zuneg dieselben an unserem Hoffgerichten
auch eigen gemacht von etlichen dazu von uns
und aus Landschafft Verordneten commissaire
zu gemüte fürgenommen und wo möglich bey
gelecht und vertragen werden sollen und Wir
solche unser gnedigen Erklärung zufolge es in
dieser Sachen ebenmäßig zu halten gemeinet.
(Einschub, wo?: oder sonsten zu Recht)*

*Demnach begeren Wir hiemit gnediglich Ihr
wollet in dieser sachen ferner nichts fürnehmen
sondern mit Prozess gänzlich einhalten und
den commissarien, so auff dem Clage Anhalten
von unserer Landtschafft darzu verordnet werden, die geb im hierunter zu beschaffen anheim
stellen. Des versehen wir uns, und seindt auch zu
gnaden wolgeneigt. Datum Julius Friedenstedt[6]
am 22 ten February Anno 86*

Herzog Julius ließ hier seine beim Hofgericht tätigen Vizehof-
räte sowie die Beisitzer beim Gericht benachrichtigen, dass der

---

[6] Ein von Herzog Julius neu gegründeter Stadtteil Wolfenbüttels

anhängige Prozess angehalten werden soll. Bezugspunkte waren dabei die Hofgerichtsordnung des Herzogtums, insbesondere aber Vereinbarungen auf dem kürzlich abgehaltenen Landtag zu Gandersheim. Dort waren die vier großen Städte des Herzogtums, darunter Hannover, mit den anderen Landständen vertreten. Man hatte sich darauf verständigt, Streitigkeiten zwischen dem Souverän, seinen Ämtern und den Landständen vor einer Verhandlung vor dem Hofgericht möglichst gütlich beizulegen. Verhandlungsführer im Gütetermin sollten Kommissare sein, die jeweils vom Herzog und von der Landschaft dazu ausgewählt wurden. Damit erhielten die Mitglieder der Landstände des Fürstentums größere Mitsprache. Hannover war selber auf dem Landtag vertreten und konnte so in eigener Sache mitreden evtl. entscheiden. Weil die Landstände überdies in Steuerangelegenheiten ein gewichtiges Wort auf den Landtagen hatten, mochte der Herzog deren Wünsche nicht einfach übergehen. Durch die obige Anweisung Julius' an das Hofgericht war es möglich, dass der Streit zwischen Hannover und den Beamten der Vogtei Langenhagen nicht ausschließlich nach Recht und Gesetz (soweit einschlägige Gesetze überhaupt vorhanden waren) durch Richterspruch geregelt wurde. Aber, schauen wir auf den weiteren Verlauf.

Einstweilen geschah nichts.

Die Beamten der Vogtei Langenhagen konnten mit diesem Zustand durchaus leben. Die Hannoveraner hatten dagegen einen ungeklärten Rechtszustand. Ihnen war keinesfalls anzuraten, wieder aufs Geratewohl dem Wild in der Feldmark der Vogtei nachzustellen. Der Vogt und seine Gehilfen hätten ihnen sicher Beute und Jagdgerät abgenommen, falls sie einen

Bürger der Stadt erwischt hätten. So sah sich der Rat der Stadt Hannover genötigt das „*Schreiben an den durchlauchtigen hochgeborenen Fürsten und Herren Julius hertzogen zu Braunschweig und Lüneburg unsern gnedigen Fürsten und Herren*" abzusenden. Der Brief datiert vom 6. Oktober 1586 und erreichte die fürstliche Kanzlei zwei Tage später. Die Hannoveraner hatten also rund sieben Monate gewartet, ehe sie in der Sache nachfassten. Ihr Schreiben ist überwiegend in heute verständlichem Deutsch abgefasst, daher füge ich den Text mit Ausnahme kleiner Korrekturen unverändert ein:

Durchlauchtiger hochgeborener Fürst E. F. Gn.[7] sein unsere underthänige bereitwillige Dienste mit Fleiß zuvor, Gnediger Fürst und Herr, E. F. Gn. Geben wir hiermit underthäniglich zu erkennen, Als uns ein zeithero von dem Beambten zum Calenberge und Inhabern der Voigtey Langenhagen, an unser von Alters ersessenen und wohlhergebrachten Jagens-Gerechtigkeit allerhandt ungebührlich Eintragt bringet.

Das wir demnach solches hiebevor weiland dem auch durchläuchtigen hochgeborenen Fürsten und Herrn, Herrn Erich Hertzogen zu Braunschweig und Lüneburgk, E. F. Gn. Herrn Vettern, etwa unserm gnedigen Landtsfürsten und herrn hochloblichen und christmilter gedechtnuß, vielenfals in underthenigkeit geclaget. Auch bey S. F. Gn entlich so viel erhalten haben, dass dieselben uns Commissionen etzliche angegebenen als

---

⁷ Euer Fürstliche Gnaden

Zeugen ad perpetuam memoriam [8] abzuhören in Gnaden determiniert, Worauf auch die verordnete Commissary solche unsere angegebenen Zeugen also ordentlich Gepür abgehöret, wie dieselbe noch itzo uneröffnet vorhanden sein.

Als wir nun folgends darauff geg. obgedachte Beambte zum Calenberg und Vogte zum Langenhagen unser Claglibell [9] übergeben, und den Prozeß an. E. F. Gn. Hoffgerichte zu Helmstädt weiters verfolgen laßen, hatt Anwald itzgedachten unser Gegentheile daselbe ein Schreiben und Befehlig von E. F. Gn. an derselben Verordnete Herrn Hoffrichter und Beysitzer übergeben, des Inhalts, weil E. F. Gn. entschlossen in solchen Sachen zur Güte Commissarien zu verordnen, das sie demnach mit Prozeß gentzlich inhalten und den Commissarien so E. F. Gn darzu verordnen geneigt, die Gebür derunter zu beschaffen anheimb stellen sollten, wie E. F. Gn ab unerwarten solche Schreibens Copey weiters Inhalts in Gnaden zu vernehmen.

So woll wir nun den Sachen kein scheu tragen und woll gönnen möchten das dieselbe zue fürderlichtst durch ordentlichen Prozeß ihren Fortgang und Entschafft erreichen möchte, so ist uns doch die angedeutete Güte auch dießfalls nicht zuwider, und können den angefangenen

---

[8] Fortdauerndem Gedächtnis
[9] Klageschrift

rechtlichen Prozeß so lange woll anstand geben
bis wir vernehmen wie weitt die Sachen von dem
vertrosteten Commissarien in Güte gebracht werden könne.

Weil aber nach solchem E. Fg gnedigen Schreiben und beschehener gnediger Vertröstung, nun
bereits viell Zeitt abgelauffen und unser Gegen-
theil solche vertröstete Commissionen bis hierher,
das wir wissen, im Geringsten nicht befürdert.
Als gelanget demnach an E. F. Gn hiermit unser
underthänige dienstfleißige Bitte E. F.Gn geru-
hen gnediglich, solche vertröstete Commissionen
zum fürderlichsten in Gnaden zu terminieren
und darauf die vorgeschlagene Güte versuchen
zu lassen.

Was sich dann immer schicken will, wollen wir
den Mangell ganz Gott bey uns nicht lassen er-
sitzen.

In unerhoffter Entstehung aber der Güte, bitten
wir gleichfals undertheniglich E. F. Gn antregt
ihr Befehligschreiben in Gnaden wiederumb Ca-
siorum und den angefangenen Prozeß seinen
ordentlichen gebührlichen Lauf gnediglich gönnen wollen. Und was wir uns nun der vertröste-
ten Commission halber entlich zu uns lassen, er-
bitten wir undertheniglich E. F. Gn gnedige viel-
beschriebene Erbarmnis. Und sein E. F. Gn underthenige behagliche Dienste zu erzeigen

jederzeit mit Fleiß bereit willig Dat unter un-
serm Stadtsenat dem 6. Octob. Ao 1586

E. F. Gn.

Underthenige

gehorsams-

willige

Dem Rat der Stadt

Hannover

Man hätte auch kurz schreiben können: *„Wir haben keine Lust mehr, auf die einzusetzende Kommission zur Güteverhandlung zu warten. Am besten wäre die Fortsetzung des bereits anhängigen Prozesses. Wir wären aber auch damit zufrieden, wenn die Kommission endlich an einem festen Termin zu einer Entscheidung kommen würde!"* Aber so hätte man im 16. Jahrhundert dem Landesherrn nicht kommen können. Man musste seine Forderungen schon als „Bitten" und „untertänig" vortragen. Ob Bürgermeister und Ratsherren damit Erfolg hatten?

Ja, sie waren durchgedrungen. Schon am 11. Oktober ließ der Herzog antworten. Ein nahezu gleichlautendes Schreiben wurde auch den *„Fürstlich Braunschweigischen Verordneten Cantzler und Räthe zu Wolfenbüttel"* zugestellt. Der Gütetermin sollte nun recht schnell am 29. November gehalten werden:

„Unsern Gruß zuvor erbar Radt auch liebe ge-
treue, unserem näherem Zuschreiben zuvolge
seindt wir gemeinet die zwischen unserem Ambt
Calenberg und Voigtey Langenhagen eines und

Bürgermeister und Radt unserer Stadt Hannno-
ver anderentheils eingerissene geclagte und zu
Recht gewachsenen Mißstände wegen der Jagt
und Schießens zu Veder Wildt in angeregeter
unser Vogetei auff dem Dienstage nach Catharine, wirdet sein der 29te November nahest in
güdtliche Verhör und Handtlunge alhier zu ziehen. Begehren derowegen genädiglich ihr wollet
alßdan morgens zu rechten Frist Tageszeit ge-
nuchsam gefast unaußbleiblich ankommen, der
angestellten Verhör und traduction auch nach
befindung Recht und billig ermessensbescheidts
hierüber gewertig sein."

Des verlassen Wir uns, und seindt auch zu Gnaden geneiget.

Datum Juliusfriedenstadt am 11ten Oktober
Anno 86

Schloss Wolfenbüttel © Herzog August Bibliothek Wolfenbüttel
Aus der Topographia Germaniae des Matthäus Merian (1654)

Nun mussten die Hannoveraner wie ihre Kontrahenten aus Calenberg und Langenhagen im Frühwinter zu dem Termin nach Wolfenbüttel reisen, was ihnen nicht unbedingt gefallen konnte. Außerdem sollte die gültige Entscheidung getroffen werden. Man würde nicht lange in das Vergnügen ausführlicher Verhandlungen kommen. Schauen wir mal, welche Seite da größere Bedenken hinsichtlich des Ermessensentscheids hatte.

Wie zu erwarten kamen Bedenken wegen des Termins aus der herzoglichen Verwaltung. Der Großvogt von Calenberg, Konrad Wedemeier, schickte einen entsprechenden Brief, der zudem von Erich Lorleberg, dem Sohn des ehemaligen Calenberger Rentmeisters Heinrich Lorleberg unterzeichnet wurde. Wichtige Beamte aus dem Fürstentum Calenberg meldeten sich damit zu Wort. Heinrich Lorleberg war von 1532 – 1554 Amtsvogt in Langenhagen. Vermutlich kannte sein Sohn die Verhältnisse in der Vogtei. Die Vögte in Langenhagen übten die Jagd dort - wie erwähnt – stellvertretend für den Landesherrn aus. Heinrich Lorleberg scheint dabei aber nicht recht aktiv gewesen zu sein. Außerdem war er als Rentmeister eher in der Zentralverwaltung tätig und weniger in Langenhagen. Sein Nachfolger Heinrich Lewa war dagegen ein passionierter Jäger und mit jagdlichen Geräten wohl versehen. Er besaß unter anderem die langen Fangnetze und Jagdlappen, die man für die damalige Hetzjagd benötigte. Die von Hannover beklagten Übergriffe während geschahen sicher zu Lewas Amtszeit von 1554 – 1584. Am 25. November 1586, also nur vier Tage vor dem anberaumten Termin, traf ein an Herzog Julius in Wolfenbüttel gerichteter Brief der beiden Calenberger Beamten ein. Sie erklärten umständlich (Text in der Dokumentation S. 124), warum sie nicht zu dem angesetzten Termin nach Wolfenbüttel kommen könnten/wollten.

Das war schon ein recht eigenwilliges Verfahren der beiden Beamten so spät Einwendungen gegen Ort und Zeit der Verhandlung zu erheben. Das hätten Sie auch unmittelbar nach Erhalt der Ladung vorbringen können. Wedemeiers Einwand dringender dienstlicher Geschäfte mag ja noch als kurzfristig bedingt dahingehen, die anderen – durchaus stichhaltigen Bedenken – dürften ihnen aber sofort klar gewesen sein. Unterstellt man zwei Tage für die Bearbeitung des Vorgangs in der sehr effizienten herzoglichen Verwaltung und weitere zwei Tage für den Transport einer Antwort von Wolfenbüttel nach Calenberg, dann brachten Wedemeier und Lorleberg ihren Herzog ziemlich in Zugzwang. Die Argumente für eine Vernehmung der Zeugen in Langenhagen sind absolut sachgerecht und nachvollziehbar. Wenn der Herzog ihnen zustimmte, wäre er als Entscheider allerdings aus dem Spiel, denn wegen dieser an sich geringfügigen Rechtsfrage würde er sicher nicht nach Langenhagen reisen. Der höfische Brauch wäre dagegen darauf gerichtet, dass alle Beteiligten zum Hofe hätten reisen müssen. Nun hatten die „Verwaltungsfüchse" Wedemeier und Lorleberg schon vorab ein Schriftstück des ehemaligen Amtsvogts Heinrich Lewa erbeten, welches dieser ihnen am 22. November zuleitete. Darin bestätigte er, dass er die Einladung zum Termin am 29. November zu spät erhalten habe, wegen „Leibesschwachheit" darniederläge und in Winterszeiten ohnehin nicht reisen könnte. Außerdem habe er dem Großvogt alles *„umbstendlich"* berichtet, dieser wäre daher sachkundig.

Der Herzog und seine Verwaltung ließen sich tatsächlich auf die vorgebrachten Einwände ein. Der Calenberger Großvogt erhielt umgehend Antwort mit der Verfügung, er solle die Verhandlungen selber leiten. Außerdem wurde der Termin auf den 6. Februar vertagt. So gelangte Konrad Wedemeier von der Position eines Beklagten in die Position des Verhandlungsleiters. Das endgültige Urteil im Gütevefahren konnte Herzog Julius allerdings nur auf der Grundlage ihm zugeleiteter Verhandlungsprotokolle sprechen.

Petrarca-Meister: Kanzlei im 16. Jahrhundert

Soweit war es aber noch nicht, denn kurz vor dem gesetzten Termin verlegte die herzogliche Kanzlei die Verhandlung - den „Verhörtag" – erneut. Dieses Mal auf den 4. April 1587 in Wolfenbüttel. Außerdem wurden Konrad Wedemeier und Heinrich Lewa kurzfristig für den 3. April nach Wolfenbüttel bestellt, um dort zu berichten bzw. Weisungen vor der Verhandlung zu erhalten. Lewa entschuldigte sich sofort wegen seiner „Leibesschwachheit", außerdem meinte er, dass der Rechtsstreit nicht seine Privatperson, sondern den Landesherrn beträfe, daher könne der Großvogt die Sache vertreten.

Über die Verhandlungen am „Verhörtag" ist ein amtliches Protokoll vom 4. April 1587 erhalten geblieben. In einigen Auszügen gebe ich es teils hier, teils in der Dokumentation im Anhang wörtlich wieder:

Anwesend:

> *Illung[10] Julius Herzog von Braunschweig und Lüneburg*
>
> *Cantzler* (Franz von Mutzeltin)
>
> *D. Varnbüler*
> (Hof- und Kanzleirat Dr. Konrad Varnbüler)
>
> *Obrist Klatt*
>
> *Großvogt Konrad Wedemeier*
>
> *Hofschencke* (Braunschweiger Rat)
>
> *Rungstedt* (Braunschweiger Rat)
>
> *Springinsfeldt* (Braunschweiger Rat)

Actum am 4. Aprilis anno 87

In Sachen Hannover contra die Voigtey Langenhagen Jagens und Schießens halber nach Feder Wildpredt

---

[10] Illung ist eine der vielen Abkürzungen für „Illustrissimus" (Hochberühmt etc.) als Ehrentitel von Fürsten in dieser Zeit.

Cantzler

Die Sache wehre etzliche Jahr alt und hiebevor dem Hofgericht anhängig gemacht. Aber man hatte … dieselbe zu Verhör zu nehmen und zu untersuchen, ob sie in Güte beizulegen, worauf die Parteien an heute vorbeschieden.

Illung [Herzog Julius]

Man solle die Clegere anhören …

Cantzler

Illung wehre berichtet, was sich zwischen Ihnen und der Voigtei Langenhagen vor Irrung erhielten, obwohl uff Zuerfahrung der Sache viel fürgehen zu Recht gemachten kein Scheu getragen. So hatt Illung doch gewilliget, die Sache in der Güte zu verhören, Beclagte wehren auch vorbeschieden, würden aber zu der Erscheinung verhindert, hetten gleichwohl Ihren ausführlich Jagenbericht eingeschicket. [Die Kläger] solten ihre Clage kürzlich vorbringen.

Clegere, die von Hannover

Thun sich für angesetzten Tag und das Illung sich der Sachen persönlich beizuwohnen unternommen bedanken, obwohl hiebevor etzliche Versetzung angesetzt, und sie gerne erscheinen wollen, so nehmen doch dieselbe wieder ersterket unangezweifelt, aus anderen hochwichtigen Illmi Geschefften, wollen diese Gnade in

*Unterthenigkeit verdienen und ob sie wol nicht
zweifel Illung würde den Inhalt dieser Sachen
hiebevor vernommen haben aus den ergange-
nen Acten, so wollen sie doch kürtzlich ihren Bericht thun.*

*Ihre Vorfahren hatten vor 30, 40, 50, 60, 70 und
längere Jahre die Gerechtigkeit des Schießens
und Jagens nach FederwildtPrett in gemelter
Voigtey gehabt, darbey sie auch jeder Zeit geblieben bis der itzige Vogt Heinrich Lewa sich sie
darin zu beeinträchtigen unterstanden, auch
etzliche mall den Bürgern Kuhre[11] genommen,
welche er doch bißweilen wieder geben müßen, …
weil solches wieder Recht und sie billig bey an-
gezogenem hergebrachten Gerechtigkeit bleiben
[wollen], Illung wolle die Mittel messen, das die
Stadt nicht beschwert sondern geschützt werden
müge, Wollen Illmo in Undertheniger Ehre
gerne folgen.*

Bis zu diesem Zeitpunkt weist das Protokoll (sicher eine Kurz-
fassung der tatsächlichen Aussagen) den Charakter einer An-
hörung aus, die auch heute noch möglich wäre. In den folgenden Teilen der Verhandlung wird aber deutlich, dass ein streng
hierarchisches Rederecht befolgt wird. Die Vertreter der Stadt
Hannover, die überdies im Protokoll nicht namentlich verzeichnet wurden, dürfen im weiteren Verlauf nichts mehr zu Sache

---

[11] Fanggeräte

sagen, sondern müssen den Bescheid des Herzogs abwarten
und zur Kenntnis nehmen.

Cantzler

Illung wolle die Sache erwägen und ihnen her-
nach bescheidt anzeigen

Illung [Herzog Julius]

Cantzler

liest den eingeschickten Bericht des Vogtes zum
Langenhagen, neben den darüber abgehöreten
Zeugen wegen der von Hannover angezogenen
Gerechtigkeit mit schießen und Jagen in der
Voigtey Bezirk nach FederWildpredt

Zum 2. noch einen Bericht und etzliche abge-
hörte Zeugen wegen mehrgedachter Gerechtig-
keit des Schießens und Jagens, stimmen neben
dem vorigen mehrentheils dahin, das die von
Hannover derselben Gerechtigkeit nicht befuget
sondern was sie gethan bishero heimlich und
schlußweise gethan, darüber sie doch jeder Zeit
von dem Vogten zum Langenhagen, so fern ge-
criegt auch gefangen worden, wie etzliche einen
Pal darvon angetzogen, die alle aber ein hal-
ten.

Illung [Herzog Julius]

Die Jahr Zall und Zeit wan es geschehen stünde
nicht darbey welches der Vogt mit sollte gesetzt
haben, S.F.G. halte aber, das es wie derselben
hier beschrieben genug geschehen.

Cantzler

liest weiter im Bericht und der Zeugen Aussage.

Zum Ersten wirdt ein neu Gezeugnis gelesen, so
da ausgesagt, wie es bey des itzigen Vogts Heinrich Lewen Zeiten gehalten worden, mit angezo-
gener Gerechtigkeit des Schießens und Jagens

Cantzler

Die andere Acten wehren, die Articull im Libell
so am Hofgericht in dieser Sache übergeben,
auch was sonst eingeschickt zu demselben, gewiß, wirdt ein Schreiben sub dato Ao 82 gelesen,
so der Großvogt zum Calenberg an den Vogt zum
Langenhagen gethan wegen dieser Gerechtigkeit.

Item ein Schreiben Ao 1580 datirt in H. Erichs
Nahmen an den Vogt zum Langenhagen umb
Bericht wegen mehr gemelter Gerechtigkeit

Item, des Vogts Andtwortt darauff sub dato illmi
1583 am 10ten Octobris

Cantzler

Befunde, das die itzo eingewendete Clage dem
gerichtlichen Libello deme ganz gemeß, das von
Ihnen der Voigtei zum Langenhagen niemals
gestanden wie aus den itzo verlesenen Zeugni-
ßen zu entnehmen. Wan die Zeugen beständig
bey der Aussage bleiben kontra der von Hannover Intent dadurch wol leichtlich umbgestoßen
werden. Aber es wehren keine ... andere

Aus dem Protokoll ergibt sich, dass der Streit um das Jagdrecht schon vor 1583 bestanden hatte. Aber auch die aus dieser Zeit vorhandenen Schriftsätze zeigen kein neues Bild. Wenn man den Aussagen des Kanzlers Franz vom Mutzeltin folgt, verstärkt sich eher der Eindruck, die Bürger aus Hannover waren als Wilddiebe in der Gemarkung Langenhagen unterwegs. Vielleicht haben die Vögte in früheren Jahren nicht so scharf zugefasst, wie es unter Heinrich Lewa vorgekommen war. So konnte wohl der Eindruck entstehen, man sei berechtigt.

Nachdem der Kanzler als Verhandlungsführer seinen Vortrag zur Sache beendete, kamen die nachgeordneten Räte – vermutlich in der Folge ihres Ranges bei Hofe – zu Wort. Der promovierte Hof- und Kanzleirat Dr. Varnbüler äußerte sich als erster noch mit einem umfangreicheren Beitrag. Die anderen Hofräte beschränkten sich auf Zustimmung.

machen müßen, wiewoll das gezeugens extraiudicial. Illung konnte noch zur Zeit von S.F.G. Pfändungs-Gerechtigkeit nicht absehen, ist sonst mit des Herrn Cantzlers Meinung einig. In dem einen Schreiben werde einer Caution gedacht, wehre genuch das man derselben Copey hett.

Springinsfeldt

Ist einig damit

Kniestadt

An der Zeugen Aussage erscheine, dass die von Hannover der Gerechtigkeit nicht befugt.

Hofschencke

Sagt wie Kniestadt

Der Calenberger Großvogt brachte nach den Stellungnahmen der Räte einen weiteren Aspekt ins Spiel. Zum Jagdgerät, das den Hannoveranern abgenommen worden war, gehörten auch Jagdspieße bzw. hier als Lanzen bezeichnete Waffen. Die waren wertvoll. Man konnte damit die herzoglichen Waffenkammern aufstocken, wenn sie dauerhaft eingezogen würden:

Großvogdt

Die von Hannover haben nichts bewiesen. Wan die Lanzen, so der Vogt zum Langenhagen abhogen laßen, beständig blieben, hätte Illung etwas für sich.

Klatt

Ist mit der Herrn Räthe Meinung einig.

Herzog Julius, der zuvor die Auffassungen seiner Beamten angehört hatte, äußerte sich im Anschluss und zugleich abschließend. Interessant ist dabei, dass er einen neuen Aspekt vorbringt. Es ging ihm um die „Gerechtsame" eines Reichsfürsten gegenüber seinen Untertanen. Interessant ist auch der von ihm geäußerte waffentechnische Aspekt. Damals wurden altertümliche Luntenschlösser durch die besseren Radschlösser abgelöst. Büchsenmacher im Herzogtum Braunschweig waren maßgeblich an der Entwicklung dieser Zündvorrichtungen um 1500 beteiligt. Auch die später dominierenden Steinschlösser gab es schon, sie waren allerdings nicht zuverlässig genug. Die technisch sehr komplizierten Radschlösser waren sehr teuer. Sie erlaubten aber Radschloss- Waffen längere Zeit schussbereit mit sich zu führen und ziemlich schnell abzufeuern. Sie boten daher einen entscheidenden Vorteil bei der Jagd. Zu Beginn des 16. Jahrhunderts nutzten herrschaftliche Jäger eher die stets schussbereite Armbrust als Jagdwaffe, denn Büchsen mit Luntenschloss eigneten sich einfach nicht für die Pirsch. Unter diesem Aspekt versteht man die Auffassung des Herzogs besser, dass Untertanen, wenn sie überhaupt ein „Rohr" (eine Feuerwaffe) tragen durften, sich auf das Luntenschloss beschränken sollten. Damit blieben ihnen nur geringe Chancen Wild zu erbeuten. Bis die Waffe gerichtet war, hätte sich das ausersehene Tier in der Regel verdrückt. So steht es im Protokoll:

Illung [Herzog Julius] h*ette ihre Meinungen angehört, wehre damit einig, das es also wie es von Herrn Cantzler proponirt, den Parteyen angezeigt würde. Man wiße was einem Reichsfürsten*

*an Hoheiten gebühre, S.F.G. Herr Vater hette nie-
manden hiebevor außgelaßen, welchs in H. Eri-
chen Landt vorhanden sein würde, das nie-
mands, der nuhr ein Hofdiener, ein gespannen
Rohr über Feldt tragen sollte, davon wollte sein
.. Copey haben. Es wehr noch zue Zeit guth, das
man ein solch mandat hette publicirt, wehr ein
Rohr tragen wolte, sollte ein Lunten Rohr tragen
und kein Rohr mit einem Draken Schloß, damit
desto beßer seine Straßen gehalten würden.*

*S.F.G. glaube das sie des Jagens nicht befugt, o-
der einige briefliche Urkunde und Documente
ad Bewilligung und Verschreibung darüber hetten, dan sie s.f.gl in der Huldigung keine vorgelegt.*

*S.F.G konnte der Zeugen Aussage nicht getrauen,
dan keine circumstantien dabey zu befinden,
und wehre nichts außer den Straf- und Hand-
lungsbüchern oder auch den Erbregistern eingeschickt noch etwas darin verzeichnet. Wann die
Zeugen bey Zeiten und ihrer Sehlen Sehligkeit
müchten befragt werden, würden sie nicht best-
endig bleiben.*

*S.F.Gnaden stellets zu der gelarten Räthe Beden-
ken, ob nicht die Leutte nach der verstrichenen
Zeitt abermals ordentlich zu befragen.*

Die Bewertung des Herzogs verdeutlichte außer dem oben auf-
gezeigten Aspekt noch weitere Teile der Verhandlung. Er ging
besonders auf die Glaubwürdigkeit der Beweismittel und der

Zeugenaussagen ein. Zudem war ja seit Befragung der Zeugen schon manches Jahr ins Land gegangen. Insgesamt regte er die erneute Befragung an. Man erkennt an der nachfolgenden Bemerkung seines Kanzlers, dass dieser nicht ganz mit erneuter Vernehmung der Zeugen einverstanden war, denn er regte die möglichst eilige Befragung der Zeugen an, weil sie sonst töricht wären. So äußerte sich der Kanzler:

Illung dürfte mit dem Beweiß nuhr so sehr eilens repetirt sonst sein torigs.

Cantzler ad partem [zu der anwesenden Partei]

Illung hette angehört, was sie vorgebracht, auch verlesen, was von Sfgl Beamten vor Zeugenbericht eingeschickt. Illung befinde, wann sich die von Hannover schicken wollten, das den Sachen wol zu machen. SFG wollten denselben in der Huldigung geschehenen Zusage nachkommen und einen Jeden das jenige wiederfahren laßen, dazu er befugt.

S.F.G. vermerken aber, das die von Hannover nicht so gahr viel Rechts, die Voigtey gehöre mit aller Hoheit und Gerechtigkeit S.F.gl und denenselben Erben. Wann Jemands in eins andern territorio einige Gerechtigkeit haben wollte, müßte solches alles eigentlich bewiesen werden. Weil solches noch nicht geschehen, stünden die von Hannover billig von ihren Vornehmen ab und ließen Illmi Beamten damit gewähren.

S.F.g hetten auch possession solcher Gerechtigkeit des Jagens allein.

Das einer auf des 2. Grundt jagen mag, hat weiter nicht statt, als so lang es verbotten bleibt. In dem wehren die von Hannover jeder Zeit wan sie jagen wollen, von Illmi Dienern gepfändet und gejagt.

Illung hette bey alten Personen sich erkundigt, befinde aber, das die von Hannover der angezogenen Gerechtigkeit nicht befugt, sondern was sie gethan heimblich und des nachts oder schlupfsweise gethan, darüber sie doch jeder Zeit, wenn mans erfahren, gepfändet worden und sie allewege geldtstraffen neben dem Reuesten geben müßen, derwegen weil solches nicht geruhiglich hergebracht, wollte Illung hoffen, die von Hannover werden sich der Billigkeit selbst erinnern und von ihrem Vornehmen abstehen.

Dem Protokoll zufolge wandte sich der Herzog anscheinend nicht direkt an die Abgesandten der Stadt. Erst der Kanzler richtete die im Protokoll vermerkten Worte an diese. Dabei gab er die Aussagen des Herzogs nicht wortgetreu wieder, sondern wandelte sie in eine Art Rechtsspruch um. In einem Teil wendete er die Meinung des Herzogs sogar in eine andere Richtung, indem er dessen Anregung einer erneuten Befragung der Zeugen verschweigt und die Hoffnung des Herzogs verkündet, die Hannoverschen möchten von ihrem Vorhaben abstehen. Diese Auffassung ist im Protokoll der Aussagen des Herzogs nicht enthalten. Wenn man versucht, sich den Ablauf der Güteverhandlung in Wolfenbüttel vorzustellen, darf man sich wohl eine größere holzgetäfelte Stube vorstellen. Darin dürfte der Herzog mit seinen Beamten auf der einen Schmalseite an einem Tisch mit den Akten gesessen haben – Sitzordnung dem jeweiligen Rang gemäß, d. h. Herzog Julius in der Mitte, Kanzler von Mutzeltin rechts, Dr. Varnbüler links von ihm. Die Abgesandten Hannovers werden wahrscheinlich gegenübergestanden haben, damit ihre Rolle als quasi Bittsteller nicht vergessen würde. Im folgenden Teil des Protokolls wurde deren Bitte um *„einen geruhigen Abtritt"* nach der *„Anzeige"* des Kanzlers verzeichnet. Diese Bitte ist besser zu verstehen, wenn man bedenkt, dass der Schiedsspruch des Kanzlers im Güteverfahren darauf hinauslief, dass die Hannoveraner kein Jagdrecht in der Vogtei hatten und haben. Da ihre jagdlichen Aktivitäten „heimlich, bei Nacht oder auf Schleichwegen" erfolgten, wären sie damit strafbare Wilderer. Die genannte Bitte hatte daher den Zweck, sie vor einer durchaus denkbaren Verhaftung zu schützen.

So ganz hinnehmen mochten *„die Hannoverschen"* den Spruch in der Güteverhandlung jedoch nicht. Es gab nämlich eine Ergänzung zum Protokoll mit dem Vorvermerk: *connectitur post reditum* {übermittelt nach dem Weggang]. Die Abgesandten verhandelten demnach noch im Anschluss mit dem Kanzler. Im Protokoll ist dazu folgendes angemerkt:

Sie, die Abgeordneten aus dem Reich, hetten angehört was sich Illung auf ihre Mühen erklärt, erachten solches nach der Länge zu repetiren unnötig, wiederholen es kürtzlich, was vorgebracht und wegen Illmi Gerechtigkeit angezeigt worden, thun sich vor den Abtritt bedanken.

Sie wehren nuhr beteiligt wie Illmo zu disputi-
ren, sondern weil es zur gütlichen Sachen angesetzt, hetten sie erachtett Illmi mittel anzuhören. Die von Hannover hetten sich vor Anfang
des Prozeßes auch dieses Handels halber erkundigt. Vor 10 Jahren hetten sie eine Commission
at perpetuam memoriam außgebracht, welche
noch verfloßen lage und konten sie nicht mehr
wißen, was sie desfalls zu beweisen. Der nutz aus
der Jagt wehre so groß nicht, und wollten sich
die von Hannover wol weisen laßen, das sie diese
Sache vor genommen hetten, sie ihrer Pflicht
und Eide halben, damit sie der Stadt vorwandt
gethan.

Bitten Illmung nuhr ihnen Mittel zur Vergleichung vorschlagen oder die Schreiben so ans
Hofgericht abgegangen cassiren und dem Pro-
ceß seinen Lauf laßen.

Cantzler

Illung wollte wol das die Sache in güthe müchte
beygeleget werden, weil aber die von Hannover
nichts noch zur Zeit bewiesen, so können S.f.g.
nicht weiter schüzen, wann aber die von Hannover zu Steuer der Wahrheit mögliche Mittel
wißen, wollten s.f.gl sich wol gnädig erzeigen,
sonst könnte s.f.gl wol leiden, das der Proces
continuirt würde. Es wehre s.f.gl etwas ohne
Rechtliche erkandtnus zu vergeben bey derselben nachkommen nicht verandtwortlich.

Die von Hannover

Der Rath wehre nicht gemeinet sich zu Illmo zunotigen, sie die Abgeordneten wüßten keinen weiteren Bericht, wollen aber hoffen, das ihnen Illung nach ihrer Gerechtigkeit zu gnaden laßen werde, könnte Illung auch noch künfftig in processu die Mittel finden, wollen sie sich unerweißlich erzeigen. Nahmen zu Danck an, das dem Proces sein starker Lauf gelassen werden sollte. Wollen ihren obern solches referiren und thun sich gegen Illmum nochmals für gehabte Mühe bedanken.

Aus diesem nachgeschobenen Teil der Verhandlung ergibt sich ein getreueres Bild der Auffassung Herzog Julius'. Er wollte nicht unbedingt, den Rechtsstreit „abwürgen", sondern verlangte vielmehr einwandfreie Beweise für das Jagdrecht der Hannoveraner. Der Kanzler erklärte nun – abweichend von seiner oben notierten Aussage – dass der Prozess durchaus fortgesetzt werden könne. Der Herzog wäre nur nicht gesonnen, ein Recht ohne Kenntnis der Rechtslage zu gewähren und das zu Lasten seiner Nachkommen (Die würden dann ihr Jagdrecht in der Vogtei wenigsten z. T. verlieren). Insgesamt wird hier nochmals die Position des Herzogs gegenüber den Parteien deutlich als Schützer des Rechts, Mittler zwischen den Parteien und huldreicher, gnädiger Fürst.

Ein weiteres Dokument aus dem Jahr 1588, das teilweise Inhalte der obigen Akten wiedergibt, zeigt nochmals deutlich, welche Position die Calenberger Vögte gegenüber Herzog Julius einnahmen. Sie wollten erstens keine Rechte an die Stadt

Hannover abgeben und zweitens ihre jagdlichen Möglichkeiten
– offiziell wohlgemerkt immer zugunsten des Landesfürsten -
eher noch ausweiten.

Der in dem Schreiben (S. Dokumentation S. 117) erwähnte Langenhagener Vogt Barthold Volger (1584 – 1589) hatte kurz zuvor ein Memorandum in dieser Sache geschrieben. Es diente
den Calenberger Vögten wohl als Grundlage für ihren Brief.
Volger befasste sich darin noch detaillierter mit der Einstellung
des Jägers Hans Küke sowie einem möglichst baldigen Erwerb
der zum Kauf stehenden Stellnetze des Heinrich Lewa. Seine
Argumentation ist auch heute nicht ungewöhnlich: *„Ich bin berichtet, das viel gemelts Lewen Wildtgarn* [von] *einem der Stadt
Lüneburgk sollen gemacht sein. Hatt auch dieselben noch neu-
licher Zeit Curd von Bestenbostell Lüneburgischer Vogte zu Bis-
sendorpffe zu Kauff anbieten laßen und were F.G. an denselben
Garn woll gelegen, auß Ursache, das die Lüneburger* [es] *nicht
verwenden müchten.“* Da haben wir den Schlawiner. Er möchte
die Jagdausrüstung gern dem benachbarten Vogt entziehen,
damit dieser bei der Jagd weniger Erfolg habe. Außerdem
möchten seine Kollegen den Herzog gar zu gerne zu mehr jagd-
lichem Einsatz überreden. Ob das bei Hannover erbeutete Wild
dann aber der herzoglichen Küche in Wolfenbüttel zugute
käme, darf durchaus bezweifelt werden. Doch zurück zur Auseinandersetzung mit der Stadt Hannover.

Zivilprozesse im 16. Jahrhundert konnten sehr lange dauern.
Das war auch *„In Sachen Hannover contra Langenhagen“* der
Fall. Herzog Julius regierte bis zu seinem Tode am 3. Mai 1589
und hinterließ zu allgemeiner Anerkennung der Historiker ein
verwaltungstechnisch gut geführtes und finanziell solide

gestelltes Fürstentum. Der hier behandelte Prozess kam während seiner Regierung nicht zu einem Ende. Im Alter von 25 Jahren trat Julius' Sohn Heinrich Julius das Erbe an. Unter seiner Regierung gedieh der Rechtsstreit ebenfalls nicht. Heinrich Julius hatte wichtigere Geschäfte zu erledigen. Außerdem wandte er sich den schönen Künsten zu, was nicht gut zu vertrackten Rechtsangelegenheiten passt. Beim Hofgericht war dagegen ein schwieriger Fall anhängig, was bei damaliger Rechtspflege zum Verschieben (der Akten) auf die „lange Bank" (also weit von den Richtern weg) führte. Es gab kein Urteil.

Inzwischen war der Hofrat Daniel Ludwig Großvogt von Calenberg geworden. Er hatte Kenntnis von dem hier behandelten Fall und wollte diese Sache wohl zu einem Abschluss führen. So bat er im Jahr 1598 den damals namhaften Hildesheimer Juristen Dr. Johann Brandis[12] um ein Rechtsgutachten. Dessen Gutachten ist in der Bezugsakte vollständig erhalten. Es verdeutlicht in seiner Komplexität nicht nur, wie schwierig der Fall war, es zeigt auch damalige juristische Gedankengänge, die nicht unbedingt zur Verkürzung eines Prozesses führen mussten. Um etwas Überblick zu verschaffen, gebe ich einige der vielen Punkte des Gutachtens wieder:

Dr. Johann Brandis zu Hildesheim Bedenken - Acte vom 9. Oktober 1598

Ehrung und hochgelahrter, sonders günstiger Herr und guter freundt, auß verlesung mit

---

[12] Dr. jur. Johann Brandis (1551-1621) gehörte der Hildesheimer Bürgermeister-Dynastie der Brandis an.

Man kann es auch kurz ausdrücken: nach dem Studium der Akten hoffte Dr. Brandis nicht auf eine einvernehmliche Lösung
in dieser Instanz. Seine Auffassung begründete er anschließend anhand von zwei Gesichtspunkten. 1. Die Stadt Hannover
als Kläger hatte ihre Intention, das Jagdrecht zu besitzen, genügend klargemacht. 2. Es kam für die beklagte Seite (Vogtei
Langenhagen und Großvogt von Calenberg) darauf an, den Beweis des Gegenteiles anzutreten.

Den Weg zu diesem zweiten Punkt wollte Brandis anschließend
im Detail klären und damit dem Großvogt juristisch weiterhel-
fen. Brandis verwendete in seinen zugehörigen Überlegungen
umfangreiche lateinische Formulierungen, die in der damaligen gehobenen Justiz (Latein als Sprache des Rechts und der
Gelehrten) unbedingt erforderlich waren. Kurz gefasst schrieb
der Gutachter zunächst sinngemäß, dass die Argumente der
Kläger doch eher *„depromiert"* (hervorgezogen) seien und
„daß die mir in ihrer Außsag sich zimblich verdechtig bezeigen,

alles von mir weittläufig deducirt, odioß [verdächtig] *wehre zu crea actulirn."*

Zur Qualität der im Verfahren befragten Zeugen für Hannover (alte Leute, auch Vornehme) bemerkte Brandis, dass deren Aussagen bestätigt, zum Teil auch von „unseren Zeugen" beglaubigt und bekräftigt wurden. Wenn sich der Richter daran erinnerte, würde es gefährlich. Um den Beweis der „Turbation" (Rechtstörung) brauche man sich nicht zu bemühen. Zunächst solle man sich das Nachfolgende ansehen:

Üblich darumb und dadurch cuod notoric stet de non jure possidentium nachdeme in … station veneratio unum est de reservati principu undt Fürsten und Herrn nicht leicht verstatten, das jemandt nach ihnen in ihren Landschaften Jagens sich gebrauche solt unangesehen, ob einer solches uff seinen eigenen güthern pflegen wolt, und aber rechtens, daß illo ratu ubi notorie constet ex in continenti doren potest de non jure possidentis, possessio runios und allerding Richtige und gleichsamb als wen sie in rerum natura nicht wehre zu achten und zu halten sey. Wie das auch auß selbigen gründen die Tiro tira cuod lavet spoliatus ante omnia restitiu debeat se stringit und limitirt würde, cuod non obtulat, quando notorie constat spolitum in resitorio nihil junc subero.

Damit sind wir erneut beim Kern des damaligen Jagdrechts. Man kann kein Recht besitzen, dass einem grundsätzlich nicht gehört. Denn das Jagdrecht gehört nach Brandis zu den allein den Herrschern vorbehaltenen Rechten. Daher würden Fürsten und Herren es nicht leicht erlauben, dass jemand nach ihnen das Jagdrecht auf ihren Ländereien ausübe.

Im weiteren Text nennt er in der Folge weitere Gründe, die gegen hannoverschen Besitz des Jagdrechts sprechen:

2. Die Hannoveraner haben nach Zeugenberichten heimlich gejagt.
3. Es ist bewiesen, dass *„die Beamten viel länger, ja, ehe Hannover den ersten Namen gehabt, … possessionem juris venandi an streitigem orte gehabt, und ohne einiges mentschen ruffe oder verhinderunge continuirt."*
4. Die Beamten haben für ihr Recht einen rechtmäßigen *„titul"* (Anspruch) während die von Hannover ihren Anspruch nicht bewiesen haben
5. Die von Hannover müssten sich an ein Urteil aus dem *„hochlöblichen fürstenthumb Braunschweig und Lüneburgk wegen der Jagten"* halten, auch wenn sie daran nicht beteiligt waren. [ein Präzedenzfall]
6. … *„daß der gnedige Landesfürst den Hannoverschen das Jagen in der Voigtei Langenhagen verbotten, …"* Dieses Verbot sei unter Herzog Julius veröffentlicht und auf öffentlichem Landgericht verkündet worden. Sie können sich nicht auf Unkenntnis berufen.
7. Auch wenn einer den Grund und Boden eines anderen schon eine Zeit lang zu eigenen Unternehmungen genutzt hat, bleibt dies doch verboten und schafft keinen Rechtsanspruch.

Dr. Brandis hielt die angeführten sieben Punkte zwar für die wichtigsten Gründe, um die Auffassung der Calenberger

Beamten zu belegen, meinte aber auch, sie wären vor Gericht nicht genügend gewichtig, das Jagdrecht der Kläger abzuwehren. Diesen Zweifel begründete er mit dem unter den Gelehrten der Zeit vorherrschenden Streit, ob das *„Jus venandi undter die Regalia gehört, und de Reservatis principum in tote Germania"*. Demnach sahen die Rechtsgelehrten es nicht als sicher an, *„in sonderheit dießer Örter deutschen Landes"*, dass das Jagdrecht allein den Herrschern vorbehalten sei. Zum Beleg führte der Sachverständige noch an: *So geht man auch dieser und gleichwohl täglich, den Städten und adelßfreyen uff ihren pradig huede und Veltmarken, unverhindert der Fürsten, Jagen und sich Weidewerks, zuvörderst mit Hasen, Füchsen, Enten und anderem Federwild gebrauchen."*

Das Argument, die Hannoveraner hätten heimlich und verborgen gejagt, wusste Brandis ebenfalls zu entkräften, denn erstens hätten diese überwiegend am Tage gejagt und zweitens wäre es bei *„den Weidleuten nicht ungebräuchlich"*, *daß nach den Hasen alleine bei nächtlicher Zeit wol geschröckt oder gekührt worden"*. Heutige Jäger dürfen beim Lesen dieser Zeilen nicht vergessen, dass es damals noch keine modernen Flinten gab. Die damaligen „Feuerrohre" waren nicht geeignet, schnell laufende Hasen zu erbeuten. Diese wurden stattdessen im Garn gefangen oder auf dem Anstand erlegt.

Ein weiterer Beleg für die Duldung der hannoverschen Jagd entsprang allerdings mehr dem Hörensagen: *„wirdt von Herzog Erich dem eltern gezeuget, daß IhFG[13] die hannoverschen Jagent angetroffen worden, ihnen gnedig zugeredt, mit frag, ob*

---

[13] Ihre hochfürstlichen Gnaden

sie auch was gefangen, item hochlöblichen christmilden ge-
dechtnuß Frau Mutter[14], welcher sie die hannoverschen Rep-
hühner in wagen verehret, item, daß sie auch fürnehme fürstli-
che Diener und Beambte wol bei sich, und dieselben uf die ge-
fangenen Hasen zu Gast gebeten, auch gute Gemeinschafft mit
ihnen gehalten." Ich vermute allerdings kein so großes Gewicht
bei diesen Zeugnissen, schon weil der auf einen Hasenbraten
geladene Gast anständigerweise nicht nach der Herkunft des
Wildes fragt.

Nach diesen Hauptpunkten befasste sich Dr. Brandis noch mit
einer Würdigung der Zeugenaussagen, aus denen ziemlich klar
hervorgeht, dass der Streit um das Jagdrecht erst zur Zeit des
Amtsvogts Heinrich Lewa entbrannte. Die Aussage des Zeugen
Hermann Gosewisch aus einer sehr alten Familie in Langenhagen erweist Brandis als nicht verlässlich. Die von ihm bezeugte
Wegnahme einer Büchse geschah nach dem Wort anderer Zeugen erst zu Lewas Zeiten. Außerdem würden diese Zeugenaussagen die von den Klägern beklagte Jagdstörung belegen. Auch
das zum Beleg herangezogene Urteil des Landgerichts in Langenhagen (unter Vorsitz des Amtsvogts!) stamme aus der Zeit
Heinrich Lewas und habe daher kein Gewicht. Das gesamte
Gutachten schließt der erfahrene Rechtsgelehrte mit Bemer-
kungen ab, die als „salvatorische Klausel" zu nehmen sind:

„Wiewol mir gleichwol auch in diesen und derglei-
chen Fällen der streitigen possession halber die Urt-
heil schwerlich zu faßen, wie die Gelerten ..., ohne

---

[14] Damit wird die Herzogin Elisabeth gemeint sein, die aus Münden
vertrieben in Hannover Schutz suchen musste und bei knappen Mit-
teln geschenktes Wildbret sicher gern im Haushalt verwerten ließ.

die citis eventus subius undt man de futuro alteris judicio nicht gewißes pronunttiren kann. Waß den Richtern in puncto supplicationis über meine befahrung communire und zu informiren und anders zu sententien bewegen müchte. Meine Gedanken seindt hiermitt dem Herrn Großvogt offenbaret damit ich keinem viel weniger certius sententii fürgegriffen haben will, dieß gleichwol dabey auch angezeigte den uff dieser Seiten oben adducirte Grund in judicio petitoris wol nicht sollten alleinich ohne operation und condere sein."

Dr. jur. Brandis unterzeichnete sein umfangreiches Gutachten *„Signatum den 8. Septembris Anno 89"* und schickte es *„Dem ehrenvesten und Hochgelarten Daniel Ludwigen Fürstlichen Braunschweigisch Rath und Großvoigten zum Calenberg meinem sonders günstigen Herrn und guten Freundt"* auf die Festung Calenberg.

Nachdem das ausführliche Rechtsgutachten auch keine eindeutige Tendenz zur einen oder anderen Partei aufzeigte, schmorte der Fall weiter in den Ablagen. Erst im späten 17. Jahrhundert tauchte er wieder in Akten[v] auf. Diese enthalten die endgültige Entscheidung und als deren Grundlage einen Rezess des Herzogs Erich I aus dem Jahr 1529. Diese noch auf Plattdeutsch abgefasste Urkunde kann in der Dokumentation auf Seite 119 nachgelesen werden. Den Hannoveranern war der gesamte Vorgang weiterhin sehr wichtig. Sie ließen alles dazu drucken und in einem kleinen Heft verbreiten. Es liegt noch heute in den Akten. (Abb. umseitig) Der Druck enthält die nachstehende Weisung an die Beamten zu Langenhagen:

Von der

Hannöverschen

Hude- und Weyde- und Jagd-Schnede,

nach dem Reces Herzog ERICHS

Hochfürstl. Durchl. de A. 1529,

Nachdem so viel die Hannöverschen Jagden betrift, diese über die Stadt Feldmarken und weiter außer den Feldmarken so weit geben, als die Hude und Weyde nach dem Hude und Weyde *Reces Herzogs Erichs* d. A. 1529 in der Amts-Vogtey *Langenhagen* sich erstrecket,

3) dat *Lißholt* entlang wente up de *Kroninge,*
4) von der *Kroninge* über die abgemarkte Wiese entwerts und entlangs vor den Graben her, vor *Havelsaus* Wese bis an die *Klug* vor *Vienhagen.*

Itzo wird sie zur Linken nach dem

Mandatum de non turbando

an

Lit. Melchior Albrecht Reichards,

Amptsvoigt zu Langenhagen

in Causa

Bürgermeister und Rath der Stadt Hannover

contra

Die Fürstl. Beamten zu Langenhagen und Calenberg

Von Gottes Gnaden, Wir Johann Friedrich, Herzog zu Braunschweig und Lüneburg etc. etc.

entbieten dir vesten Amptsvoigte zum Langenhagen und lieben Getreuen Lit. Melchior Albrecht Reichards, hiemit gnädigst zu wissen, daß in Dero an Unsern Fürstl. Hofgericht zwischen Bürgermeister und Rath unserer Stadt Hannover Klägere, an einem dan unsern Fürstl. Beamten zum Langenhagen und Calenberge Beklagte am andern Theil rechthengigen Sache, nachdemale vermöge eingeholter, und den 19. Aprilis jüngst publicirten Sentenz Klägere Inhalts der am 22ten Aprilis 1597 eröfneten Urtheil (bey ihrer hergebrachten Gerechtigkeit und possession, Hasen, Füchse und Rephühner in ihrer Feldmark und Kuhweide zu schiessen) zu schützen, Eingewandter und nicht justifizirter Supplication, ungeachten, auf derselben unterthäniges Anrufen, dies unser Fürstl. Mandatum de non turbando an Dich heute dato in Rechten also erkant worden ist.

Hirumb so gebieten wir dir von hoher vester Landesfürstl. Obrigkeit auch Gerichts- und Rechtswegen, bey Pöen von 20 Reinischer Goldgulden halb unserm Fürstl. Hofgerichts-Fisco, und zum andern Ompetranten verabläßig zu bezahlen hiemit ernstlich und wollen, daß du demnächsten nach Überandtwort oder verkündigunge dieses unseres Fürstl. Briefes, Klägere in ihrer hergebrachten Gerechtigkeit und possession (Hasen, Füchse und Rephühner in ihrer Feldmark und Kuhweide zu schiessen) hinführo nicht turbierest, noch beeintrechtigest, hierinne auch nicht ungehorsam seist, noch dich wiederich bezeigest; als lieb dir ist, obbestimmte Pöen zu vermeiden, wornach du dich zu richten. Datum in unser Residenz Hannover, unter unserm Fürstl. Braunschweig – Lüneburg. Hofgerichts-Decret, den 21ten Juni A 1673

Landes Siegel   Ludolf von Sohde   mppria

Eine Kopie des Hofgerichtsdekrets übergab der Hofgerichtsbote Heinrich Clare am 22. Juli des Jahres an Amtsvogt Reichardt. Der Spruch des Hofgerichts aus dem Jahr 1597 wurde damit erst am 19. April 1673 wirksam. Das damalige Urteil befindet sich in der Dokumentation im Anhang. Auch wenn man die Wirren des Dreißigjährigen Krieges berücksichtigt, ist das ein starkes Merkmal des oft schleppenden Gangs der Justiz. Das Urteil bedeutete aber nicht unbedingte Ruhe, denn das hannöversche Weidegebiet lag nun einmal in den Grenzen der Amtsvogtei Langenhagen und damit im Machtbereich der dortigen Vögte bzw. Amtmänner. Stritt man sich nicht über die Jagd, dann stritt man über Weiderechte, forstliche Pflanzkämpe und dergleichen.

Neben der eher oberflächlichen Betrachtung der Querelen zwischen dem noch kleinen Hannover und den Calenberger Beamten wegen des beanspruchten Jagdrechts erlauben die Unterlagen auch einen tiefer greifenden Einblick. Als Grundlage des Rechts zur Jagdausübung kann einerseits der jeweilige Grundbesitz bzw. das Recht bestimmte Grundstücke zu nutzen herangezogen werden. Dies galt bei den Germanen noch als selbstverständliches Recht der Freien. Auf der anderen Seite hatten die jeweiligen Herrscher im Lauf der Geschichte dieses Recht beansprucht und ihren Anspruch zunehmend durchsetzen können. Sie hatten z. B. den Königsbann, der zunächst auf den Schutz eigener Waldungen beschränkt war, auch auf andere Jagd-Gebiete ausgedehnt. Damit wurden alte Jagdrechte dortiger Grundbesitzer geschmälert (Beschränkung auf die niedere Jagd) oder ganz beseitigt. Im 16. Jahrhundert war der Vorrang des Landesherrn bei der Jagd allgemein gültig. Allerdings konnte dieser – selbst als eifriger Jäger – nicht alles selbst bejagen. Hier öffnete sich für seine Beamten, u. a. in den Ämtern oder Vogteien wie Langenhagen, ein erwünschtes Tätigkeitsfeld. Wie im vorliegenden Fall zu sehen, bemühten sie sich darum, quasi stellvertretend für den Herzog, dessen Vorrecht (das also noch vor anderem Recht gilt) zu behaupten. Die wesentlich ältere Bindung des Jagdrechts an den Grundbesitz war aber als Rechtsauffassung nicht vollkommen erloschen. Diese Auffassung setzte sich im Fall „Hannover gegen Langenhagen" zuletzt durch. Dabei ist noch eine Besonderheit bemerkenswert. Das beanspruchte Jagdgebiet gehörte den Hannoveraner gar nicht. Es war vielmehr eine „gemeine Weide", die zu den Flächen der Vogtei Langenhagen zählte. Die Hanoveraner hatten dort nur ein seit alten Zeiten genutztes und 1529 sogar verbrieftes Weiderecht. Aus diesem Recht leiteten sie ein auf Hasen, Füchse und Feldhühner (Rephühner) eingeschränktes Jagdrecht ab. 1673 wurde es ihnen endlich zugestanden.

Bis das Jagdrecht ausschließlich mit dem Grundbesitz verbunden wurde, vergingen allerdings mehr als hundert Jahre. Erst die bürgerliche Revolution des Jahres 1848 brachte diese Regelung. Sie erfuhr danach jedoch eine wesentliche gesetzliche Einschränkung. Für tatsächliche Ausübung der Jagd forderte das Gesetz eine genügende Größe des Jagdbezirks Ab 1850 durfte man nur auf eigenen Flächen jagen, die größer als 300 Morgen (ca. 75 ha) waren. Kleinere Grundstücke mussten dagegen zu einem gemeinschaftlichen Jagdbezirk zusammengeschlossen und verpachtet werden. Diese Trennung zwischen Jagdrecht und Jagdausübungsrecht gilt heute immer noch. Das Recht zur Ausübung der Jagd wurde seitdem auf verschiedene

Weise immer mehr eingegrenzt. Das wird der weitere Text auf-
zeigen.

V. Abschnitt.

Die Hannoversche Jagdordnung vom 11. März 1859
(im zusammenhängenden Wortlaut)

Wir erlassen, unter verfassungsmäßiger Zustimmung der allgemeinen Ständeversammlung, wegen Ausübung der Jagd das nachfolgende Gesetz:

§ 1. Die Ausübung der Jagd richtet sich vom 1. September d. J. an nach den folgenden Bestimmungen.

Dieselben treten an die Stelle der mit jenem Zeitpunkte wegfallenden §§ 4—16 inkl. und § 30 des Jagdgesetzes vom 29. Juli 1850.

§ 2. Der Grundeigentümer, welcher eine zusammenhängende Fläche von mindestens 300 hannoverschen Morgen besitzt, ist auf derselben zur Ausübung der Jagd berechtigt. Die Trennung, welche Wege oder Gewässer bilden, ist als eine Unterbrechung des Zusammenhanges einer solchen Jagdfläche nicht anzusehen. Zu den Wegen im vorstehenden Sinne sind auch Schienenwege und Eisenbahnkörper zu rechnen. (Ges. 29. 4. 1897, Ges.S. S. 117.)

Mehrere Miteigentümer einer solchen Fläche müssen sich über einen einigen, der die Jagd üben soll, falls sie selbige nicht gemeinsam entweder verpachten oder sonst einem Dritten zur Ausübung überlassen oder durch eigene Jäger nutzen. Besteht eine solche Fläche aus einer ungeteilten Gemeinheit, so ist dieselbe, wenn sie einer Gemeinde angehört und mit dem Feldmarksjagdbezirk dieser Gemeinde zusammenhängt, als Teil dieses Jagdbezirks, sonst aber, sofern sie nicht mit angrenzenden Jagdbezirken verbunden wird, als eigene Feldmark nach den Regeln der §§ 4 und 5 ff. zu behandeln. An der Beschlußfassung über solche Verbindung sowie die Verwaltung der Jagd und an der Verteilung der Jagdauskünfte nehmen in Beziehung auf diese Gemeinheit die Interessenten nach Verhältnis ihrer Nutzungsrechte teil.

Wenn ein Grundeigentümer das ihm hiernach zustehende Jagdrecht durch Verpachtung nutzt, so kommen hierbei die im § 6 vorletzter und letzter Absatz und im § 7 enthaltenen Vorschriften analog zur Anwendung

Abb. aus: **Die Hannoverschen Jagdgesetze** vom 29 Jul 1850 und 11. März 1869 (Jagdordnung), Hannover, Hahnsche Buchhandlung 1928

Weitere Jagdstreitigkeiten

Hasenjagd jenseits der Grenze im 16. Jahrhundert

Zu Herzog Erichs I. Zeiten hatten Beamte beider Seiten zwar die Jagdgrenzen der Vogtei Langenhagen - soweit diese an lüneburgisches Gebiet angrenzte – einvernehmlich festgelegt, sie hatten aber zugleich das Überjagen in gewissem Maße zugelassen. So war es kein Wunder, dass Jäger diese Freiheit ausnutzten, was selbstverständlich erneuten Streit verursachte. Wir erfahren davon durch den wortreichen Beschwerdebrief des Bissendorfer Vogts Dietrich Behr an Herzog Wilhelm d. Jüngeren zu Braunschweig und Lüneburg (Celle) aus dem Jahr 1571[vi]:

Durchleuchtiger Hochgeborener gnädiger Fürst und Here, nach erbietung meines undertenigen schuldigen, willigen und gehorsamen Dienste kan EFG[15] ich underthenlich nicht verhalten, daß ich vorschienenen Jahren bin zu Maspe gekomen, daß Heinrich Lewen, Droste zum Langenhagen, hat einen Hasen gefangen bei Hauß Hans Kirchoffe genant im Bissendorfer Velde, denselben habe ich genomen und nach Zelle geschicket. Dieweile mich der Großvogt seliger Christoff von Grunbruich[16] hatte uff sehens in EFG holtzung und wiltbanen bevolen. Wan ich dan deß Grossen Vogts seligerem befehlich nachgelebt, der undertenigen zuversicht ich soliches in

---

[15] EFG = Kurzform für Euer Fürstliche Gnaden
[16] Richtiger: Georg von Heinbroick

EFG beste Zuerhaltung EFG gerechtigkeit gethan.
Nun hat sich gemelter Droste Lewa mit Dron
worten jegen mich vernehmen lassen, wan ehr
mich uff freis grundt und bodden bekeme, daß
er mich dann nach dem Kalenberge woln füren
lassen. Uff solche Droworte habe ich gemelten
Drosten beschicken lassen bei dreien Männern
auß der Vogtei Bissendorf, als mit namen Dietrich Pfingstvos, Eileke Döpken, und Cunke Hane-
butt. Dieselbige Ihne dan meinet halben uffs
freuntlichste haben angesprochen, waß ich mich
zu Ihme versehen solte. Do hat ehr denselben die
antwort geben, daß sie widder wech gingenn,
und liessen sich solcher worte mehr verschicken,
Ehr were seine zeit woll namen & Wan nun gnediger Fürst und Her ich solichs auß befehlich des
seligen Grossen Vogts gethan, das ich fleissich
uffsehens gehabt, und ihme den hasen welchen
ehr uff EFG grundt und bodden gefangen, dahin
ehr mit nichte berechtigt zu jagen ist, genomen
und nach Zelle gesant, und ehr mich nu wie ge-
melt droweth nach dem Calenberge zu fürenn,
wan ehr mich uff seins hern gebiete bekome, Thu
EFG ich hiemit gantz underrichtlich bitten, dieselbige ein gnediglich einstehen in diesser sachen thun lassen, und mich gnediglichen in so-
licher rechtmessigen handlung schützen und
handthaben. Deß thu ich mich zu EFG underthe-
nichlichen vertrosten, und bin eß zuvordienen
gehrosam schuldich und willich. Dat Dienstach

nach hilary Anno 1571 (Dienstag nach Hilarius 1571[17])

EFG

undertheniger williger

Diener

Dietrich Behr zu Bissendorf

Diese Sache ist nach dem Recht der damaligen Zeit nicht ganz problemlos. Wer das heute bekannte Leben und Handeln des Heinrich Lewa aus Langenhagen in Betracht zieht, kann davon ausgehen, dass Lewa den erbeuteten Hasen keinesfalls freiwillig hergab. Behr musste also gewaltsam und mit Übermacht den strittigen Hasen an sich gebracht haben. Vermutlich war er selbst mit einer Jagdgesellschaft unterwegs. Nach den heutigen Grenzen gehört Maspe zweifelsfrei zu Langenhagen. Das war im Prinzip auch damals schon so. Allerdings kam man nördlich von Maspe bald auf das 1539 beiden Seiten zugesprochene Grenzgebiet. Das im Brief genannte Haus ist heute nicht mehr zu verorten. Sehr wahrscheinlich hatte Heinrich Lewa den Hasen auf Bissendorfer Gebiet gefangen. Dietrich Behr nahm ihm diesen allerdings zu Maspe in der Vogtei Langenhagen ab. Beide überschritten damit ihre Befugnisse.

Stellt man sich den Ablauf dieser Hasenjagd vor, beginnt sie damit, dass Heinrich Lewas Jagdgehilfen Stellnetze zum Hasenfang auf einer längeren Strecke quer zu bekannten Hasen-pässen aufstellten. Die Hasen wurden dann entweder durch die Jagdgehilfen und/oder durch Hunde aufgescheucht und in die

---

[17] Der Gedenktag des heiligen Hilarius von Poitiers ist der 13. Januar

Netze getrieben. Das war keine heimlich betriebene Wilderei, sondern lautes Jagen mit Hussa und Hallo. Solcher Betrieb konnte im nahen Bissendorf nicht unbemerkt bleiben. Wie man aus anderen Fällen schließen kann, wird Dietrich Behr nun einige Bauern zur Verstärkung angefordert haben, um dem Treiben ein Ende zu machen. Lewa zog dagegen mitsamt dem Hasen zurück. Nahe Maspe wurde er jedoch von Behr eingeholt und musste den Braten wieder abgeben. Diesen Hasen schickte der Bissendorfer Vogt getreulich an die Hofküche zu Celle, denn das Wild gehörte dem Landesherrn Herzog Wilhelm.

Damit hätte die Angelegenheit ihr Bewenden haben können. Nun drohte Heinrich Lewa allerdings, er würde Dietrich Behr bei passender Gelegenheit auf freiem Felde festnehmen und auf die Festung Calenberg führen lassen. Wenn der Bissendorfer also mal nach Hannover gehen wollte, stand er Gefahr in der Vogtei Langenhagen in Haft zu kommen. Wie man vom unter Herzog Erich II. in Calenberg inhaftierten Reformator Corvinius weiß, war der Aufenthalt dort nicht gerade gesund. Behr musste sich gewiss vorsehen. Da sein gütlicher Einigungsversuch mit Lewa scheiterte, sah er sich nun genötigt, den Schutz seines Landesherrn anzurufen. Die Hasenjagd wurde somit zu einer kleinen Staatsaffäre. Im zugehörigen Schriftverkehr der Verwaltung in Celle ist dazu nur noch der Entwurf eines amtlichen Schreibens an den Vogt zu Langenhagen enthalten. Die Hofbeamten forderten ihn darin auf, sich aller Drohungen gegen seinen Kollegen aus Bissendorf zu enthalten. Lewa unternahm wahrscheinlich nichts weiter, denn er war selbst auf gefährlichem Terrain unterwegs. Er hatte seine amtlichen

Befugnisse nämlich bei weitem zu Gunsten der eigenen Kasse überschritten. Außerdem war er in weitere Streitigkeiten wie etwa der Bauernfehde in Langenhagen verwickelt. Beides kam in einem Prozess unter Herzog Julius im Jahr 1584 zur Verhandlung.Lewa wurde seines Amtes enthoben und Barthold Volger[18] kam als Vogt an seine Stelle.

Petrarcameister Ausschnitt): Hasenjagd

Auch im 17. Jahrhundert: Jagd über die Grenze

Auch Jäger benachbarter Vogteien jagten über Grenzen hinweg. Ein derartiger Fall aus dem Jahr 1613 ist aktenkundig. Georg von Preitzke, Droste zu Schloß Ricklingen, hatte am 28. Juli 1613 in der Vogtei Langenhagen - um Schulenburg herum - etliche Hasen fangen lassen. Untertanen aus Langenhagen hatten deshalb einen Jäger des Drosten festgenommen und auf die Vogtei gebracht. Amtsvogt Henricus Clawe schrieb wegen Klärung seiner Jagdgerechtigkeit an den Drosten. Dieser schickte darauf am 18. September 1613 folgenden Auszug aus der Grenzbeschreibung seines Bezirks mit der Bemerkung,

---

[18] Barthold Volger stammte aus der angesehenen hannoverschen Patrizierfamilie Volger. Sie ist heute noch im Straßennamen Volgersweg zu erkennen.

dass ihn Gott davor behüten solle, dass er eine Jagd unternehmen wolle, wenn er dazu nicht befugt wäre.

*Auszugk auß deß Prh.Brh. Hauses zue Schloß Rig-
klingen Grentze- oder Schnedebuch, die Strigkjagt[19]
belangende, extrahirt am 18. 7 bris 1613.*

*Die Strigkjagt oder das Hetzen verstregket sich, wie
hernacher beschrieben folget:*

*Die Strangkride undt Mekelenheide entlangk uf
undt nider biß für Hannover uff die Goseride - daselbst magk der Inhaber deß Hauses Rigklingen o-
der deßelben Jeger undt Diener so lange verharren,
daß er in Hannover gehet oder sendet und kauffet
vor einen Körtling Brodt undt für einen Körtling
Bier; daßelbige magk ehr uf der Goseride auffeßen
undt verzehren - alßdan von dannen nach dem
Langenhagen biß in die Zeilkuhlen hetzen. Greifft er
daselbst einen Hasen, so gehöret ehr nach Rigklingen, leufft er aber uff den Vogthoff auf den Langenhagen, so gehöret ehr dem Voigte daselbst von dahr
an den Lütkenwaldt nider biß uff den Lauenwald
undt widerumb hinüber for dem Heinholtze und
Höringhausen undt da nicht ehr die Pfände zueset-
zen, biß ehr wieder an die Grentze oder Hoheit
kömbt, wie oben vermeldet ist.*

Georg v. Preitzke.

---

[19] Strickjagd wegen der eingesetzten Koppel Hunde, die am Strick
geführt wurden, wenn man sie nicht einen Hasen hetzen ließ.

Die hier angegebenen Grenzen überschnitten ein erhebliches Gebiet im Westen der damaligen Vogtei Langenhagen (s. Abb) Den erlaubten Gang der Jäger von der Goseriede („Gänsewiese"), damals noch vor der Stadt Hannover gelegen, zum Kauf von Bier und Brot für je einen Körtling (Kleine Münze = 6 - 8 Pfennige oder 1/48 Taler nach dem Feinsilbergehalt), kann man getrost als menschen- wie hasenfreundlich bezeichnen. Für die genannten Beträge gab es schon einiges an Bier und

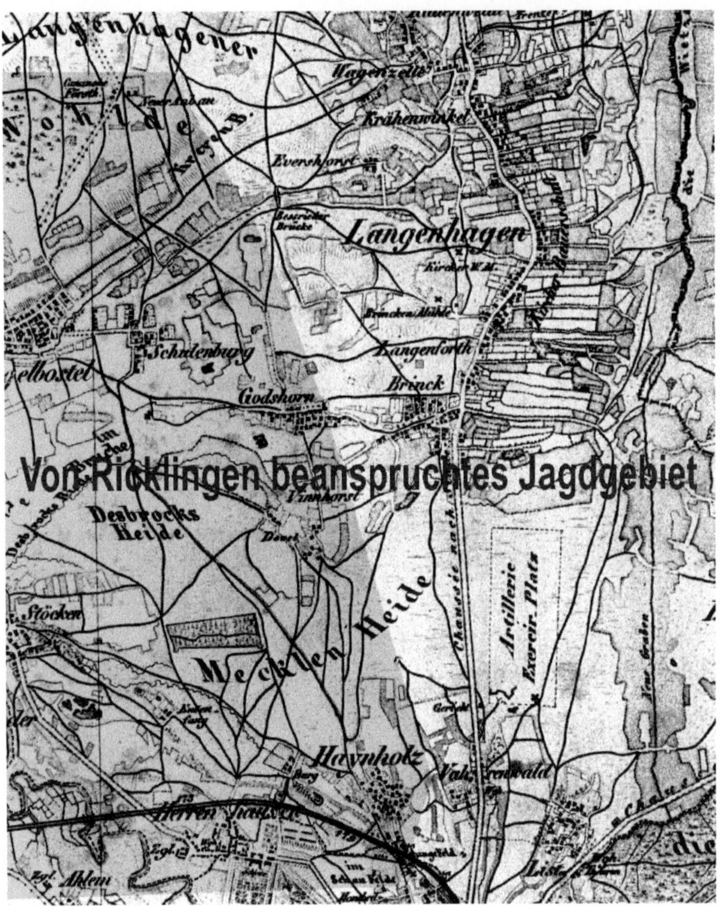

Brot (etwa 1,25 Kilo). Die Jäger dürften daher an der Goseriede – wieder außerhalb der Stadt –gepflegt gerastet haben. Man kann nur hoffen, dass sie sich nicht auf Langenhagener Territorium erwischen ließen, denn für Preitzkes Auffassung gab es außer seiner Buchführung keine Rechtsgrundlage. Georg von Preitzke wollte die zum Langenhagener Vogthof nahe der Kirche laufenden Hasen großzügig dem Amtsbruder überlassen. Diese Regelung dürfte einem erfahrenen Jäger nicht gefallen, denn so verhalten sich Hasen nicht. Ich denke, Heinrich Clawe wird die Ricklinger „vom Acker gejagt haben". In einem anderen Dokument wird den *„Wrampen zue Ricklingen"* kein Jagdrecht in der Vogtei eingeräumt.

Es zeigte sich immer wieder, wie schwer die jeweiligen Jagdgrenzen in der Vogtei Langenhagen zu bestimmen waren. Noch schwieriger war zu klären, wer denn dort überhaupt jagen durfte. Davon künden verschiedene Dokumente, wie der nachfolgend benannte Bericht, der im Erbregister[20] aus dem Jahr 1634 enthalten ist. Im 17. Jahrhundert war das Jagdrecht des Landesfürsten auf seinem Territorium unbestritten. Er konnte auch anderen – meist adeligen Herren - Jagdrechte gewähren. Adelige Gutsherren beanspruchten ebenfalls Jagdrecht auf ihrem eigenen Gebiet. Allerdings wurden die gegebenen Grenzen dabei wenig respektiert. Das war einerseits der üblichen Hetzjagd mit Hunden geschuldet, denn die haben nun mal nicht die Jagdgrenzen wohl aber das zu erbeutende Wild vor Augen oder vor der Nase. Auch die den Hunden folgenden, z. T. berittenen Jäger waren eher an der Beute als an Achtung vor

---

[20] In den Erbregistern wurden die Höfe nebst ihren Eigentümern und deren jeweiligen Verpflichtungen (Zehnt, Zins, Steuern und sonstige Abgaben) aufgezeichnet. Walter Bode hat sie in seiner Schriftenreihe publiziert.

Grenzen interessiert. Beim Stellen von Netzen konnte man diese im Prinzip berücksichtigen, besonders wenn Grenzpfähle oder andere Markierungen sichtbar waren.

Von Zeit zu Zeit versuchten fürstliche Beamte eine gewisse Ordnung herzustellen. So etwa im Oktober 1620 in einem Verfahren vor dem Langenhagener Landgericht, dessen Ergebnisse protokolliert wurden.

In Jagtsachen eingenohmener Bericht
am 6. 8bris Ao. 1620
uff gehaltenem Lantgerichte zum Langenhagen.

Eß erfordert U.G.F. und Frawen²¹ Notdurft grüntlich Bericht der Jagten halber, wie ferne und weit ein jeder befugt einzuenehmen, damit U.G.F. und Herrn an derselben Hochheit kein Eingriff geschehen, derowegen die Unterthanen undt nachbenanten alte Menner davon Bericht gethan.

Wenn keine schriftlichen Zeugnisse vorhanden waren, wurden alte, erfahrene Männer als Zeugen befragt, damit man die Sachlage einigermaßen erfassen konnte. Klarheit schaffte der angesprochene Bericht nicht

Das alte hannoversche Geschlecht der von Alten durfte – aber nicht weit – in die Vogtei hineinjagen. Natürlich hielten sich die adeligen Jäger nicht an solche Auflage. Schon gab es Ärger mit dem bereits erwähnten Amtsvogt Heinrich (Henricus) Clawe. Auch sein Nachfolger (ab 1623) Heinrich Julius Schrader war

---

[21] Vermutlich Bezug auf die verwitwete Herzogin Elisabeth, die anscheinend in Langenhagen Rechte (Widum?) hatte. (S. umseitig). 1620 war ihr Sohn Friedrich Ulrich Landesherr (Herzog v. 1613 – 1634)

betroffen. In mehreren Fällen schaltete sich die Herzoginwitwe Elisabeth[22] (1573 – 1626) selbst ein. Sie schrieb unter anderem:

An
den von Alten.

Unsere Gunst zuvor, erbare liebe Getreuwe. Wir haben die glaubhaffte Nachrichtung, daß Ihr nicht allein nicht zue rechter Zeit, sondern auch, wens im gantzen Lande eingestellet wirdt, deß Jagens und Hetzens theilß zwar an befugten undt von alters gewöhnlichen Örtern in unserer Vögtey Langenhagen gebrauchen sollen, wiewohl Ihr Euch damit noch nicht begnüget, sondern unß viel zue nahe zue treten undt über die Grentzen undt Schnur zu jagen undt unß also Eintrach zu thun anmaßet, vieleicht des Vorsatzes, unß an unserer Vögtey Abbruch zu thun oder zue beeintrechtigen, undt also durch etzliche Actus ein Jus zu erzwingen, wie wir Euch aber an Euwren Befugnis niemals gezeret, selbiges auch zue thun, nicht gemeint, also wollen wir auch von Euch unperturbirt seyn und pleiben. Undt damit Ihr Euch nicht zue beschwehren, aß ob Ihr nicht verwarnet, so wollen wir Euch hirmit gewahrscheut undt gnedigst begehret haben, zue Unrechter Zeit das Jagen hiernegst einzustellen, unß auch von unsern Grentzen und Örtern abbleiben

---

[22] Elisabeth war die älteste Tochter des Dänenkönigs Friedrich II. Sie heiratete 1590 Heinrich Julius von Braunscheig-Lüneburg (Wolfenbüttel), ab 1613 verwitwet, bezog sie ihren Witwensitz in Schöningen. Vermutlich gehörte die Vogtei Langenhagen zu ihrem Widum, so dass sie sich um dortige Verwaltungsangelegenheiten kümmern musste.

Die verwitwete Herzogin Elisabeth hatte allgemein Grund zur Klage über die Jagd in der Vogtei Langenhagen. Mit gleichem Datum schrieb sie an den Amtsvogt Julius Schrader, damit er einige Missbräuche abstelle. In diesem Brief nimmt sie deutlich Bezug auf ihr Jagdrecht in Langenhagen. Materielle Folge der von ihr beklagten Missbräuche war weniger Wild für eigene Verwendung.

Man mag aus heutiger Sicht die Nase darüber rümpfen, dass damals Wild ohne Kühlkette über so weite Strecken wie von Langenhagen nach Schöningen transportiert wurde, aber das war nun mal nicht anders möglich. Außerdem dauerte der Transport nur wenige Tage, was im kalten Winter sicher noch nicht zum Verderb des edlen Wildbrets führte. An einem warmen Herbsttag erbeutete Hasen würden aber nach heutigem Geschmack die Jagdherrin schon verdorben erreicht haben. Da behalf man sich dann mit langem Einlegen in Essig- oder Buttermilchbeize, was in der Wildküche noch vor wenigen Jahrzehnten Standard war. Aber zurück zum Brief:

Von Gottes Gnaden Elisabeth, geborn aus Königlichem Stam zue Dennemarck, Hertzogin zue Braunschweig u. Lüneburg, Witwe

Lieber Getreuer, wir befinden nicht mit geringem Unmuth, daß daß Hetzen undt Jagen in unser Vögtey Langenhagen, so wohl von dehnen, welchen durch etwaß aus Gnaden concedirt undt zugelaßen, über die Maße sehr misbraucht und zue rechter undt Unzeit ohn einziges Hinterdengken gejagt und gemeine wirdt, sondern auch, daß sich noch mehr, die es nicht befugt, deßen anmaßen undt unß an unser Gerechtigkeit Abbruch thun wollen. Derweill wir es aber keinesweges nachgeben können noch wollen, alß haben wir bey kommende Befelche undt Warnungen abgehen laßen, auch von Hanses von Rhoden wegen geübter Thetligkeit und violirter Jurisdiction die angemuthete Straff gefordert, wirst demnach selbige zu verantworten undt die Strafe exigiren wißen. Eß wehre dan, daß Hanß von Rhoden seine vermeinte Gerechtigkeit behaubten könte, inmittelst aber sollte die Netze biß uff weitere Verordnung an dich behalten undt weill es nötig sein will, damit sich keiner mit der Unwißenheit zu entschuldigen, daß Hegeseulen[23] an den rechten Grentzen, wo dieselbe etwan umbgefallen, neuw gesetzt würden.

---

[23] Hegesäulen dienten als Markierung der Jagdgrenzen. Die Bezeichnung „Hege" ist aus den alten Begriffen „Hag", „einhegen" oder „Gehege" abgeleitet und hat wenig mit dem heutigen Begriff aus der Jägersprache zu tun, der mehr auf den Schutz des Wildes abzielt.

Das Wappen des Amtsvogts auf dem von ihm und seiner Frau Elisabeth Klawen gestifteten Taufstein (1630) in der Elisabethkirche

Der vorhergehende Brief weist auf Tätlichkeit seitens Hans von Rodes hin, der sich offensichtlich nicht an der widerrechtlichen Jagd hindern lassen wollte. Da hatte Elisabeth dem Vogt eine schöne Aufgabe übertragen, denn er sollte die angedrohte Strafe eintreiben. Zudem war es nicht ganz sicher, ob Rode nicht doch ein Jagdrecht als in Langenhagen begüterter Adeliger besaß. Zur Sicherheit richtete die verwitwete Herzogin etwas später ein passendes Schreiben an Hans von Rode:

thätlicher Weise nicht allein in unserer Vögtey Langenhagen, auch allerdings zur Unzeit Hasen zue
hetzen, sondern auch Netze zu leggen undt unß also
mit solchem Jagen mergkligem Eingriff undt Nacht-
heill unserer Vögtey zuezufügen unternohmen und
da dir mit Abnehmung der Netze, Hunde und
Winde[24] den Unfug verwiesen, auch für Thetligkeit
Abtracht zumachen und 50 Goltgulden Straff zue
erleggen, dir angekundiget, dich ziemblich trotzig
bezeigen sollest.

Wen wir dan dein solch unzimblich Beginnen billig
hoch empfunden, das wir, die wir sonst unsere
Vögtey Gerechtigkeit bishero ungeirret gehabt undt
besaßen, von dir durch die Jagt sollen perturbiret
werden, aß haben wir nicht unterlaßen können, dir
deinen Unfug zu verweisen mit gnedigstem Begehren, weill wir unsere Gerechtigkeit ungeenget vor
dir zue behalten unß wohl vertreten werden, daß
du dich deß Jagens in unserer Vögtey zur rechten
undt zur Unzeit durchaus undt gentzlich hirnegst
enthaltest, vor dies mahl aber die angekündigte
Straffe wegen begangenen Frevell in unser Vögtey
abstattest undt zue weiterer Ungelegenheit keinen
Anlaß und Uhrsach gebest. Daß ist an sich billig
undt hast uns sünst zue Gnaden geneigt.

Datum uff unserem Widdumbshaus Schöningen,
den 29. Marty Ao. 1625

Elisabeth Hz.Br.u.L.

---

[24] Windhunde

Das Schreiben enthält in der damals üblichen, gewundenen Sprache drei wichtige jagdliche Hinweise. Erstens hatte Rode Hasen zur „Unzeit" gehetzt, was bedeutet, dass auch am Anfang des 17. Jahrhunderts Schonzeiten eingehalten werden sollten. Zweitens hat man ihm die dabei verwendeten Netze, (Spür)Hunde und Windhunde abgenommen, also die „Jagdausrüstung eingezogen. Drittens wegen des Jagdfrevels in Verbindung mit Tätlichkeit eine Strafe von 50 Goldgulden angekündigt. Das war eine ganz erhebliche Summe. Sie hatte den Wert von über einem Kilogramm Silber.

Der Fürstlich Braunschweigische Oberstleutnant Joachim von Rheden hatte dagegen die Berechtigung zur Hasenjagd erhalten. Sie erlosch mit seinem Tode im Jahr 1630. Diese Jagderlaubnis teilte Elisabeth dem Amtsvogt 1623 mit:

Lieber Getrewer, dem nach wir dehm Ehrenvesten unserm Lieben getreuen Joachim v. Rheden, Frh. Brh. Obristenleutenanten zue seiner Lust in unser Vögtey Langenhagen die Hasenjagt in Gnaden verwilliget, als haben wir dir solches hirdurch andeuten wollen, wornach du dich wirst zu achten wißen undt ihm seiner Gelegenheit nach hierin schaffen und walten laßen. Davon beschiet unser gnedigster Wille und Meinung undt wir seint dier zue Gnaden geneigt.

Datum Wulffenbüttell, am 26. Juny Ao. 1623

Elisabeth Hz.B.u.L.

Elisabeths Sohn Friedrich Ulrich erteilte sechs Jahre später ebenfalls eine Jagderlaubnis an einen hochrangigen Beamten, den in Langenhagen geborenen Dr. Johannes Stucke. Zugleich

*Johannes Stuckius © Stadt-
archiv Langenhagen*

wurde ihm Dienstfreiheit und Freiheit von Dienstgeld[25] für den Hof in Langenhagen (später Hof Nr. 9 in der Kircher Bauerschaft) zugesichert. Diese Freiheit sollte im Verlauf des Dreißigjährigen Krieges für erhebliche Spannungen mit den in Langenhagen ansässigen Bauern führen. Die mussten nämlich entsprechend mehr leisten, weil die Obrigkeit keineswegs auf Stuckes Anteil verzichten wollte. Das machte sich besonders bei zahlreichen Sonderzahlungen (speziell vor der Schlacht bei Sarstedt 1634) im Verlauf des Krieges bemerkbar. Hier nun die an Stucke vergebene Jagderlaubnis.

Doctoris Joannis Stuky newerlangete Jagtgerechtigkeit.

Von Gotteß Gnaden Wir, Fridrich Ulrich, Hertzog zue Braunschweig undt Lüneburgk, thun hiermit für Unß, Unsere Erben und Erbnehmer undt an der Regirung durch Gottes gnedigen Willen Nachfolger undt Nachkommen gegen jedermenniglich kund

---

[25] Zahlungen anstelle eigentlich zu leistender Dienste, hier vor allem Spanndienste.

undt bekennen, daß Unß der hochgelarter Unser
Rath Hoffgerichtsasseßor Ordinarius undt Professor bey unser Fürstl. Julius Universitet zue Helmstedt undt lieber getreuer Johan Stuke, dero Rechten Doctor unterthenig zuerkennen geben, welcher
gestalt seine liebe Eltern ohnlängst nach Gottes un-
verenderlichen gnedigen Gefallen beyderseits diese
betrübte Welt gesegnet undt unter anderen einen
Ihnen erbundt eigenthümlich zugestandenen bey itzigen elenden und betrübten Kriegswesen fast rui-
nirten Hoff ufm Langenhagen hinter sich verlaßen,
welchen ehr, Doctor Stuke, als sein väterliches Erbe
an sich zu nehmen nicht ungeneiget und gerne so
viel möglich hinwider erheben wolte undt dero behueff unß solchen Hoff aller Dienstbarkeit undt anderer Bürden in Gnaden zu entheben undt dagegen
denselben mit der Schaffereywirtschaft undt Hasenjagt gnedig zuersehen unterthenig angelanget,
das wir demnach in Ansehung undt Erwegung seiner unterthenig treuen unverdroßenen Dienste,
welche Unß undt unserem Fürstl. Hause er, Doctor
Stuke, die Zeit Unserer Regirung aber undt noch
vorhero nuhnmehr in das achtzehnte Jahr treulich
und aufrichtig geleistet, auch noch fürters leisten
will und soll selbigem seinem Suchen in Gnaden de-
ferirt rauhm-und stadtgegeben undt mehrgedach-
ten Hoff von allen bißdahero darauf gehafteten
Dienstbahrkeit, auch Wasengelt, Dienstundt
Wachtegelt, Kohrmittung, Rauchhüner undt Intra-
den, welche Lantschatz genennet werden, nuhn hinfüro gentzlich entfreyet und dabnehen, ihme, D.Stu-
ken., und deßen Erben, Erbnehmern undt

Nachfölgeren an solchem Hoffe die Gerechtigkeit er-
theilet haben, bey demselben seiner Gelegenheit
nach eine Schafferey, so starck ehr und sie die bey
Winterßzeit auszufutteren vermögen, anzurichten,
auch nach Gelegenheit in den Hinterhöffen, Cem-
pen, Gehegten undt daran stoßenden mit der
Vögtey Bißendorff undt dem Dorff Isernhagen biß
an die List grentzende Heyden undt Wiesen, Hasen
zuesambt, jehrlichs drey oder vier Rehen wen deh-
ren etzliche übertreten und sich alda finden laßen
schißen, hetzen und kühren zu laßen, thun daß alles
auch hiermit aus eigener freyen Bewegnüße, jedoch
wohl erwogen und mit guetem Vorbedacht, in Maße
und Formbes im rechten am besten undt bestendigs-
ten, immer geschehen könne undt mögte undt da-
ruff unserm jetzigen Voigte zum Langenhagen Henrich Julio Schräder undt allen seinen Successorn
ernstlich befehlen, bey Vermeidung ernster unnach-
leßiger wilkührlicher Straff, gedachten Hoff nuhn
hinfüro mit keinen Diensten, Dienstgeldern belegen,
sondern den Hoff frey, auch Herr Doctor Stuken
undt seine Mitbeschriebene für Frey- oder Schriftsa-
ßen halten undt bey solcher Freyheit, wie auch der
Schafferey, Hasen und Rehe schießen, hetzen und
kühren gegen jeder menniglich unverhindert steiff
und vehst manuteniren und schützen. So lieb einem
jeden, ist über unsere Ungnade obgesetzte Straff zu
meiden, inmaßen ehr und sie dan auch des Voigts
Jurisdiction eximirt undt doferner sie von jemants
beclagt werden wolten, solches von demselben nicht
angenohmen, sondern für Uns oder Unserer Fürstl.
Regierunge oder Hoffgerichte, woselbst er und sie

*ihre erste Instantz haben, verwiesen werden sollen,
das nuhn diese Unsere freywillige, jedoch in ob an-
geführtem Respect undt Consideration wohl erwogen undt wohl bedechtiglich beschehene Verspre-
chunge uf Unsere Erben, Erbnehmer undt ahm Re-
giment succedirende Hertzogen zue Braunschweig
undt Lüneburgk unverenderlich transferirt undt
von demselben unverbrüchlich steiff und vehst ge-
haltenwerde, getreulich undt ohn alle Gefahren bey
Unserem Fürstlichen Wohrt undt Glauben.*

*Zue Uhrkundt wihr dieses mit eigenen Händen un-
terschreiben undt daran unser Fürstl. Secret wißent-
lich hangen laßen. So geschehen in unser Vehste
Wulffenbüttel, den 10. Augusti Anno 1629.*

*Locus
sigilli
appensi*

       Fridrich Ulrich p.

Außer Hasen durfte Stucke demnach drei bis vier Rehe erlegen
lassen, wenn sie denn in das beschriebene Gebiet übertraten.
Anscheinend waren Rehe dort nicht immer zuhause, was in der
damals ziemlich ausgeräumten Landschaft und bei starkem
„Jagddruck"[26] kein Wunder war. Es ist klar, dass ein hauptsäch-
lich am Hofe bzw. an der Universität Helmstedt tätiger

---

[26] Jagddruck bezeichnet den Einfluss auf das Wild, der durch ständi-
ges Bejagen, Hetzen und anderweitiges Stören verursacht wird.
Rehe ziehen sich dann gern in dichte Gehölze zurück und kommen
kaum zu Vorschein.

Beamter nicht selbst in Langenhagen zur Jagd gehen konnte. Damit beauftragte er Bedienstete.

Interessant ist die für Stucke eingeräumte Freiheit von der Jurisdiktion des Vogtes. Wenn ihn jemand beklagen wollte, musste er sich direkt an das Hofgericht wenden. Diese Regelung ist insofern recht bemerkenswert, da Dr. Stucke eine herausgehobene juristische Position[27] am Hofe Friedrich Ulrichs hatte. Ein Verfahren gegen ihn wäre ohne sein Dazutun kaum denkbar. Die Langenhagener Bauern wählten denn auch andere Wege um gegen Stucke vorzugehen.[28] Auch der jeweilige Amtsvogt hatte sich zu hüten, denn ihm wurde *„Straff"* angedroht für den Fall, dass er das Jagdrecht des Doktors schmälern oder gar bestreiten wollte. Dieser Passus verdeutlicht indirekt, dass die Vögte hauptsächliche Nutznießer des fürstlichen Jagdrechts in der Vogtei waren. Demgemäß war ihnen – je nach vorhandener Jagdleidenschaft – zuwider, einen anderen in ihrem Amtsgebiet jagen zu sehen. Hinter den oben angeführten Briefen der Herzoginwitwe Elisabeth ist auch der jeweilige Vogt als Kläger zu vermuten. Er dürfte der Dame von Übertretungen in ihrem – gefühlt aber seinem – Jagdbezirk berichtet haben, um sie zu Aktionen gegen die Frevler zu ermuntern.

Friedrich Ulrich bedachte auch später verdiente Männer mit einem beschränkten Jagdrecht in Langenhagen. So etwa im Jahr 1631 den als Kriegsrat in braunschweig-lüneburgischen Diensten stehenden Veit Curd von Mandelsloh. Er erhielt auf seine

---

[27] Ab 1613 Hofgerichtsassessor und Professor (Rechtswissenschaft) an der Universität Helmstedt.
[28] Nachzulesen in: Horst Südkamp: *Johann Stucke – ein europäischer Gelehrter und Politiker. Eine biographische Skizze (Historische Texte und Studien; Bd. 23).* Olms. Hildesheim 2007

Lebzeiten begrenzte Unterjagd[29] und durfte Rebhühner in der Vogtei erbeuten. (S. Dokumentation S. 123)

Anscheinend blieb bei der Landgerichtsuntersuchung im Jahr 1620 einiges unklar, zudem waren im Dreißigjährigen Krieg Akten und Unterlagen vernichtet worden, so dass 1630 insgesamt zehn Zeugen bei einer erneuten Verhandlung zu vorgegebenen Fragekomplexen angehört wurden. Es sollte „perpetuam rei memoriam" [ewiges Gedächtnis der Sache] erreicht werden. Damit der Sachverhalt leichter zu verstehen ist, habe ich die Fragen und Antworten dem heutigen Sprachgebrauch angepasst. Zu den Fragen füge ich gleich die zugehörigen Antworten des damals schon sehr alten Pastors Holste, der 1572 - 1636 als Pastor in Langenhagen wirkte (Lebensdaten: 1541 – 1637).

Befragung vom 13 September 1630   Fragenkatalog

1. *Waß vor Persohnen bey ihren Gedengken vor diesen in der Vogtey Langenhagen gejaget undt an welchen örthen sie zu jagen berechtiget?*

2. *Ob selbige Persohnen nicht zue weit gejaget haben, wie lange sie solches gethan?*

5. *Ob selbige Persohnen anitzo noch mit ihrer Jagt weiter alß sie befugt kommen?*

4. *Ob nicht ihrer etzliche sich des Jagens gebrauchen, die dabey niemals gejaget haben?*

5. *Ob nicht alle Voigte zum Langenhagen sich der Jagdtgerechtigkeit gebrauchet?*

---

[29] Jagderlaubnis <u>unter</u> dem Landesherrn als Inhaber des Jagdrechts.

6. *Ob sie, die Voigte zum Langenhagen, nicht im Lüneburger Lande zweymal im Jahre im Hartbruche dabevor gejagt haben?*

7. *Ob nicht durch ihre Nachleßigkeit solches in Abgangk derogestalt kommen, daß man ihnen keine Jagt indeß daselbst gestendig sein will.*

Antworten des vierten Zeugen, Ehrwürden Johann Holste, Pastor in Langenhagen:

Testis quartus Ehr Johann Holsten, Pastor zum Langenhagen

ad 1) sagt, sey 95 Jahr alt und habe alhier 60 Jahr daß Predigambt verrichtet, wiße anderst nicht, den das die von Lenthe undt anfangs bey seinem Dengken Jobst von Lenthe die elteste Gerechtigkeit zu jagen gehabt. Sey von den Ambtmanne Jochen Schultzen zue Marienwerder berichtet, daß in ihrem Closterbuche stehen solle, daß die von Lenthe statliche Gerechtigkeit zue jagen hatten, möchten vor dem Closter aber biß nach dem Langenhagen zue jagen nicht aber zuerügke.

ad 2) wiße von den örten ihrer Jagt nicht, nur, daß sie umb den Langenhagen undt die Evershorst her gejaget hatten, welches ehr wohl gesehen und gehört.

ad 3) nescit. [weiß es nicht]

ad 4) affirmat, die Wrampen hatten nur einen Meyerhoff im Caspell Botfelt, dahero Jobst von Rehden alß ihr Vormund, wie auch hernacher sie, die Wrampen, solches Jagenß der örter unternehmen wollen, welches unerhört undt

dabevor nicht geschehen. Der von Mandelschloh[30] jage itzo auch, welches dabevor von dem
Hoffe nicht geschehen, denn es nur ein dienst-
pflichtiger Meyerhoff gewesen, welchen der von
Holle den Linbürgen abgekaufft. Henrich Leve
sel.[31] hatte jehrlich 3 Thaler Dienstgelt davon haben wollen, der von Holle aber hatte die Dienstfreiheit von Leven gehandelt undt dafür ihm 50
Thaler gegeben.

ad 5) affirmat undt hatte zue anfangs, wie Zeugen
alhier kommen, Henrich Leve mit Netzen nach
Rehen, Hirschen Schweinen undt Hasen im
Hartbruche und in der Sandersriede, auch in
der gantzen Vögtey gejaget, gedachter Leve
habe auch einsmahlß in der Sandersriede einen
Hirsch an einen Eichenbaum gehangen undt daran erlegt. Die Hertzogen von Lüneburgk hatten auch zue dero Zeit auch nach dehme angehalten, das sie Hertzogen Erich vor die Jagt
Meyerhöffe zue behuff der Voigte geben wollen.
Eß hatte aber hochgedacht S.F.G. solches nicht
thun, sondern austrügklich haben wollen, daß
derselben Voigte herselbst jagen müßen, die
Vögte nach Leven, wie auch Henrich Clawen

---

[30] Veit Curd von Mandelsloh hatte 1631 ein untergeordnetes Jagdrecht auf Lebenszeit auf Hasen und Rebhühner in der Amtsvogtei
erhalten. AText der Urkunde im Anhang.
[31] Der ehemalige Amtsvogt Heinrich Lewa (Vogt von 1554 – 1584),
danach Prozess wegen Untreue (Verkauf von Gerechtsamen, z. B. o.
a. Dienstgeld, sowie „Holzverwüstung" im Lauenwald. Lewa war eifriger Jäger und brachte u. a. den Streit um das Jagdrecht mit Hannover in Gang.

sel., hatten gejagt und Schützen gehalten und wen sie selber keine Hunde gehabt, von anderen benachbarten etzliche erborget.

ad 6) sagt wie bey den Vorigen.

ad 7) sagt, es sey wahr, daß im Lüneburger Lande den Voigten zum Langenhagen daß Jagen nicht mehr gestattet werden will, und solches sey dahero kommen, das sie daß Jagen der Örter nicht continuirt. Den Rotzehnten[32] hätten die Vögte vor diesem zue behuff der Jagt frey gehabt, wovon sie die Netze und Hunde gehalten, wie ihnen darnach ufgebracht, daß sie etwaß vom Zehenten geben müßen, wehre das Jagen also mit Netzen nachplieben undt in Abgang kommen, weil uff ihren Kosten solches ihnen zue schwehr fallen wollen.

Antworten des zehnten Zeugen, Henning Dedeken aus Kaltenweide:

Testis decimus Henning Dedeken zur Caltenweide

ad 1) 2) 3) 4)

sagt, sey 70 Jahr alt und 33 Jahr Untervoigt gewesen und [es] *habe Ditrich von Lenthe allezeit gehetzet, aber nicht weiter aß sein Zehentwage[33] gehet. Veith Churdt v. Mandelschloh Vater sel., Henning von Mandelschloh, habe die Jagt in der*

---

[32] Rot(t)zehnter = Abgabe von neu urbar gemachtem Land, daher eigentlich „Rodzehnter" (Rodung).

[33] Die von Lenthe hatte den Kaltenweider Fleischzehnten, der ausgewogen wurde. Zehntwage bedeutet hier das Gebiet aus dem der Zehnte erhoben wird – also die Gemarkung Kaltenweide.

Vögtey nicht gehabt, deßen Sohn Veith Churdt v. Mandelschloh aber jage itzo, item so sey man dem Closter Wehrder keine Jagt gestendig, und habe er ihnen deßwegen Hunde undt Winde[34] ge-nohmen, sey bey Johan Wördehengken Zeiten ge-schehen. Die von Rickling aber jagen biß vor die Vogtey undt leuft der Hase biß auf die Vögtey, so gehöret er dem Vogte, für die Vogtey dehnen von Rigklingen. Die Jungker von Alten haben auch uff ihrer Veltmargkt die Jagt, aber nicht weiter.

ad 5) sagt, es haben alle Voigte, so alhier gewesen, wen sie Lust darzu gehabt, gejaget und da sie keine eigenen Hunde gehabt, Winde geborget.

ad 6) affirmat, sey alle Jahr zweymahl geschehen und haben wohl vier oder fünff Coppell Jagt-hunde und vier Strigk Winde geborget undt die gantze Vögtey dazue gebraucht, doch habe Hen-rich Leve auch eigene Jeger, Schützen undt Hunde gebraucht undt gehabt.

ad 7) affirmat, eß sey nachgeblieben, wiße nicht, obß wegen der Uncosten geschehen, das es mehr koste den ufbringe, wiße darumb weiter nicht, den es sey in 50 oder vierzigk Jahren nicht da-rinnen gehetzet oder gejagt worden.

Dieser Zeuge bestätigte die weiter oben vom Ricklinger Vogt beanspruchte Jagdmöglichkeit. Der Zeuge Holste erklärte je-doch das Gegenteil. Hier wird verständlich, warum es immer

---

[34] Windhunde zum Hasenhetzen, alle anderen Jagdhunde wurden nur Hunde genannt.

wieder rechtliche Unklarheiten und Streitigkeiten wegen der Jagd gab.

Henning Dedeken war seinerseits Beteiligter an einer Auseinandersetzung wegen Übertretung der Jagdgrenzen im Jahr 1622. Man hatte ihn nämlich in der Nähe von Wichendorf bei der Jagd angetroffen und die Büchse abgenommen. Der Bisssendorfer Vogt Hans von Harlingk weigerte sich daher diese Waffe wieder herauszugeben. Seinem Amtskollegen in Langenhagen schrieb er im Oktober 1622:

An Henrich Clauwes Brg. Lbrg. Ambts Voigten zum Langenhagen

NOTANDUM hirbey ist zu wißen, weils sich ufm Augenschein befunden, daß Henning Dedeken zuweit ins Lüneb. Landt gejaget, daß ihm die Büchse nicht wieder ausgefolget werden wollen.

Auch in die Lüneburger Amtsvogtei Burgwedel drangen Jäger aus Calenberg ein[vii]. In dieser anscheinend hochwichtigen Sache wurde sogleich der Herzog eingeschaltet: „*Serenissimi Illustrissimi* [Georg von Braunschweig und Lüneburg] *ist berichtet worden, dass der Oberjägermeister Benckendorff vor wenigen Tagen in Ser. Ill. Vogtei Burgwedel zwischen Bothfeld und Isernhagen jagen lassen. …*" (Brief vom 5. November 1650)

Die herzogliche Regierung in Celle schlug deswegen vor, dass der Burgwedeler Vogt Heinrich von Eltz und der Vogt zu Langenhagen an dem fraglichen Ort zusammenkommen, auch den Oberjägermeister hinzuziehen und darüber berichten sollten. Der Grenzverlauf sollte wieder einmal geklärt werden. Das war zwar löblich, aber bei der Hetzjagd mit Hunden lassen sich nun mal Gebietsgrenzen schlecht einhalten. Der Hase läuft wohin

er will, die Hunde folgen ihm nach Möglichkeit und der berit-
tene Jäger folgt den Hunden. So war es damals und so wäre es
auch heute, wenn nicht strenge Gesetze dagegen durchgesetzt
würden.

Fürstliche Parforcejagd – Tapisserie aus Schloss Langeais an der Loire

Wer darf im Amt Langenhagen jagen?

Im 16. Jahrhundert erlaubten die Herrscher zuweilen adeligen oder auch mal nicht adeligen Männern die Jagd in Langenhagen, wenn sie diese für Leistungen in Krieg und Frieden belohnen wollten. Im 19. Jahrhundert gab es gelegentlich weniger förmliche Jagderlaubnisse. Ein dokumentiertes Beispiel betraf den hannoverschen General Graf von Linsingen[35], der sich in den Befreiungskriegen gegen Napoleon ausgezeichnet hatte. In diesem war allerdings die königliche Jagd-Verwaltung am Ende stärker als die königlichen Hoheiten. Abschließend schrieb der Kabinettsminister Graf Münster[36] am 2. Dezember 1823 an den Oberjägermeister von Zastrow:

Die Angelegenheit welche Ew. P. Schreiben vom 4. November erwähnt, ist mehrmals dem Könige vorgelegt worden. Der verstorbene Oberjägermeister v. Düring konnte sich von den Gründen nicht überzeugen, auf welche des Herrn General von Linsingen Excellenz ihr Gesuch, in dem Königlichen Gehäge mit Jagd-Hunden zu jagen, gegründet hatten. Er stellte vielmehr vor, daß die Jäger des Herrn

---

[35] Carl Christian Freiherr von Linsingen (1742–1830). Er vertrat Adolphus Frederic, Herzog von Cambridge, den Oberbefehlshaber der aus der 1803 aufgelösten hannoverschen Armee gebildeten King's German Legion, die als einziger deutscher Verband europaweit gegen Napoleon kämpfte. Nach 1815 wurde Carl von Linsingen Hannoverscher General der Kavallerie und Generalinspekteur.
[36] Ernst Friedrich Herbert Graf zu Münster. Das Kurfürstentum erhielt nach 1820 eine gestraffte Verwaltung. Der Machtmittelpunkt befand sich allerdings nicht im Lande, sondern in der Person des Kabinettsministers Münster in London, der besonders enge Beziehungen zum Haus Hannover hatte.

Dieser Brief hatte einen längeren Vorlauf. Der General wollte
die ihm früher vom Oberjägermeister unentgeltlich freigege-
bene Jagd in eine feste Pacht zu verwandeln. Deshalb schrieb
er im März 1820 mit der Bitte, die von Oeconomie-Rath Baring
in Pacht gehabten Jagden in Langenhagen und Bissendorf in
eine Pacht zu verwandeln. Der General erachtet die Jagd –
trotz der beträchtlichen Wilddieberei – als sehr einträglich, besonders an Hühnern. In Langenhagen waren in dem Jahr mehr
Ketten von 8 – 10 Stück übrig geblieben, wo sonst im Frühjahr
nur Paarhühner waren. Das Gesuch ging an Georg IV in London.
Allerdings schrieb auch der Hofjäger Graf Hardenberg an den
Grafen Münster (Cabinets-Minister). Hardenberg nannte Bedenken wegen der Setz- und Hegezeit im Frühjahr. Ferner sei
ein Missbrauch der Jagderlaubnis durch den General Graf von
Linsingen belegt. Die Jägerei sowie das Personal im herr-

---

[37] In Herrenhausen, das damals noch um Amt Langenhagen gehörte.
[38] Der spätere König Ernst August I. von Hannover (1837) ab 1798
Herzog von Cumberland. Militärischer Schüler des Grafen von
Linsingen.

schaftlichen Garten hätten deswegen geklagt. Das Gehäge sei durch den General fast ruiniert, was er allerdings durch Aussetzen von Feldhühner beheben wollte. Diese Anschuldigung wollte der Graf nicht auf sich sitzen lassen. Er bestritt, die Jagd im Gehäge verschlechtert zu haben. Außerdem schrieb er an den Herzog von Cumberland und bat um Hilfe. Sie wurde ihm durch ein kanzleimäßiges Empfehlungsschreiben gewährt. Zur gleichen Zeit – im August 1822 - wandte er sich an Oberjägermeister v. Düring als *„So passionierten Jäger"*: ... *„Es ist Ew. Exc. bekannt, daß der Landesoeconomierat Baring den Jagd District zur Canano in Pacht hatte – wie dieser nach Peine versetzt, wurde mir selbiger von dem Seel. Oberjägermeister von Voss zugestanden und ich glaube daß zu der Zeit zwischen 14 und 16 Rehe darin zu finden waren. --- Während den vier Jahren daß ich der Besitzer der Jagd gewesen bin, habe ich nur 3 oder 4 Böcke schießen lassen – welches der Förster Töteberg zur Canano und Gehägereuter Meyer eidlich betheuern können nur daß zur Zeit wie mir die Jagd genommen wurde, gewiß über 20 Rehe darin zu treffen waren, welches jene Forstmänner gleichfalls gewissenhaft bezeugen können."* Wenn heutige Forstbeamte lesen, dass im Forst Kananohe (damals allerdings kleiner als heute) nur etwa 20 Rehe vorhanden waren, dann würden sie sich sehr wundern. Man kann Rehwild im Wald zwar nicht zutreffend zählen, aber in Kananohe werden heute jährlich deutlich mehr Rehe erlegt. Heutige Jäger werden sich auch darüber wundern, dass Graf von Linsingen die Böcke schießen ließ. Es ging dem Mann wohl weniger um eigenes Jagdvergnügen als um Wild für seine Tafel. Der Braten auf dem Tisch war für die Hofjäger ebenfalls wichtiges Element ihrer Handlungen bzw. Schreiben, die sie in der Sache verschickten. So teilte Oberjägermeisters v. Düring dem Grafen Münster am

14. August 1822 einige Fakten zur Jagd in Langenhagen mit. Er meldete, dass der Stadt Hannover die Mitjagd im Amt Langenhagen seit mehr als hundert Jahren erlaubt sei. Zur Ablösung dieses Jagdrechts zahle man 80 Rthlr. Pacht. Außerdem sei noch seit etwa 30 Jahren die wiederum erneuerte Pacht einer von Heimburgschen Koppeljagd zu entrichten (jährlich 24 Rthlr Kassenmünzen). Hinzu kämen die Kosten für den eingestellten Gehegereuter. Diese Aufwendungen könnte man bei Aufgabe der Pachten sparen, wenn nur nicht der Jägerhof, sondern auch die königlichen Gärten, Herrenhausen, Berggarten, die Plantage und Montbrilliant u.s. w. in diesem Bezirk lägen. Außerdem sähe die jagdlustige Bürgerschaft Hannovers die Verpachtung der Mitjagd nicht gerne. Was wäre, wenn die dann in Herrenhausen jagen dürften? Außerdem biete die Jagd im Amt Langenhagen die einzige Möglichkeit für die königlichen Jäger mit ihren Hühnerhunden zu arbeiten. Die Jagd würde durch Schonung und Aussetzung von Wild sehr voran gebracht werden, so dass sie bald den Bedarf an Niederwild für den Hof liefern könne, welches jetzt mit vielen Kosten und nicht frisch aus großer Entfernung zu beschaffen sei.

Feldhühner – Holzschnitt aus dem 16. Jh.

Da haben wir die geläufigen Argumente für Beibehaltung der Hofjagdbezirke wieder: andere Jäger missbrauchen die Jagd, man selber bringe sie in die Höhe und hätte dadurch das benötigte Wild für die Tafel am Hofe. Da Oberjägermeister v. Düring inzwischen verstorben war, führte sein Nachfolger v. Zastrow die Angelegenheit gegenüber dem Herzog von Cumberland in Strelitz[39] wie dem Grafen Münster in London weiter. Er wiederholte die bereits bekannten Argumente und strich die Bedeutung der Gehäge in Langenhagen und die Zupachtungen für den Hof in Hannover heraus.

Georg IV in seiner Zeit als Prince of Wales (Wikipedia gf)

Im Jahr 1822 hatte Georg IV[40] auf seinem Londoner Sitz Carlton House die Sache bereits so entschieden: *„Seine Majestät halten dafür; daß wenn dem General Graf von Linsingen die Jagdt questionis in Begleitung seines Jägers (jedoch ohne daß letzterer allein ausgehen darf) und ohne Gebrauch von Jagdthunden in dem Maaße gestattet werde, daß*

---

[39] Ernst August, der Herzog von Cumberland und spätere König von Hannover, hatte 1815 seine Kusine Friederike von Mecklenburg-Strelitz geheiratet. Das erklärt seinen seinerzeitigen Aufenthalt im Mecklenburgischen.

[40] Georg August Friederich 1762 – 1830, der älteste Bruder von Ernst August, ab 1811 Regent für seinen umnachteten Vater, ab 1820 König des Vereinigten Königreichs, ab 1814 König von Hannover.

er das erledige Wild unentgeltlich behalte, der General damit völlig zufrieden seyn sollte, und ein Mehreres ihm nicht gestattet werden könne."

1837 folgte Ernst August I seinem Bruder Wilhelm als König des seit 1814 bestehenden Königreichs Hannover. Er war zwar sehr konservativ eingestellt, gleichwohl kam es in der Folge der Erhebungen des Jahres 1848 zu etwas liberaleren Regelungen in der Verfassung und im öffentlichen Recht. Das betraf auch die Jagd. Man hatte bereits 1816 aufgrund Drängens der Ständeversammlung damit begonnen eine „Allgemeine Jagdordnung" für das Königreich Hannover zu formulieren. Dabei ging es zunächst auch um das Recht zu jagen sowie die Verpachtung von Jagden. Gegen Ende der Verhandlungen um 1829 standen nur noch Bestimmungen gegen die Wilderei im Vordergrund. Das Jagdrecht war ab dem Jagdgesetz von 1850

an den Grundbesitz gebunden. Bei weniger als 300 Morgen zusammenhängender Fläche gehörte die Jagd zu dem gemeinschaftlichen Jagdbezirk der jeweiligen Gemeinde. Das Jagdrecht auf dieser Fläche konnte dann verpachtet werden.

Ernst August von Hannover – Gemälde von Edmund Koken

Die königliche Jagdverwaltung hatte die Vorzüge des Jagdgebiets vor der Haustür auch nach der neuen Gesetzeslage nicht vergessen. Sie pachtete weiterhin Teile der Feldmark in Langenhagen als „königliches Gehege". Eine Beschreibung der Grenze zwischen Neustädter und Langenhagener Gehege aus dem Jahr 1865 gibt Hinweise auf dessen Umfang: Gebiete an der Leine – z. B. Bordenau – kamen hinzu, die Grenze verlief dann über Heitlingen durch das Moor bis an die heutige Walsroder Straße. Isernhagen, Horst und Bothfeld gehörten dagegen nicht mehr zum königlichen Jagd-Gehege.

Auf Anfrage vergab die königliche Jagdverwaltung Jagd-erlaubnisscheine für dieses Gebiet. Hochgestellte Beamte des Königreichs Hannover kamen relativ formlos an die gewünschte Erlaubnis. Das zeigt ein bei den Akten liegender Zettel, auf dem der Unterzeichner *Kielmannsegge*[41] darum ansuchte:

Sr. Hochwohlgeboren

dem Herrn Hofjägermeister v. Knigge in Hannover

Lieber Knigge!

Wollen Sie mir gestatten in diesem Herbste, wenn es mir meine Zeit erlaubt ab und an im Langenhäger Gehege nach Hühnern zu suchen? Können Sie mir die Erlaubniß geben, so bitte ich mir zugleich zu sagen, ob ich die geschossenen Hühner am Jägerhofe abliefern, oder berechnen soll.

Misburg d. 7. September 60 das ...

Kielmannsegge

---

[41] Wahrscheinlich Eduard Georg Ludwig William Howe Graf von Kielmansegg (auch: *Kielmannsegg, Kielmannsegge*; * 15. Februar 1804; † 6. März 1879) zu der Zeit Ministerpräsident des Königreichs Hannover.

Diese Karikatur unter dem Titel „12 Jäger und ein Rebhuhn" aus dem vermutlich 1835 in Frankfurt erschienenen Buch „Freuden und Leiden der Jagd in lithographierten Bildern" von J. David weist auf französische Verhältnisse der Zeit hin. Nach 1848 war es bei uns ähnlich. Damals wurde die Wildbahn ziemlich leergeschossen. Die gesetzliche Beschränkung des Rechts zur Jagdausübung durch die Mindestgröße der Jagdfläche wirkte dem entgegen. Graf Kielmannsegge dürfte im Gegensatz zu dem Bild eher in kleinem Kreis und mit gutem Vorstehhund über die Felder gestreift sein. Was die gewaltige Rauchwolke angeht, ist für heutige Jäger anzumerken, dass man damals noch mit Schwarzpulver schoss. Rauchschwaches Pulver wurde erst Ende des 19. Jahrhunderts entwickelt.

Nach dem verlorenen Krieg 1866 annektierte Preußen das Königreich Hannover. Die obige Regelung blieb auch danach in Kraft. Dies zeigt die Anfrage des Gehegereuters Wallman vom 4. September 1867. Es ging um die Genehmigung für den Jagd-Renn-Verein (Herr Rittmeister von Rosenberg) bei der Gemeinde Berenbostel für Schleppjagden über die Grundstücke zu reiten. Der Rittmeister wollte später auch Parforce-Jagden auf Hasen und Füchse durchführen. Dazu hatte man das Gelände beiderseits der Wietze (etwa 90.000 Morgen gepachtet. Es gab auch schon damals zweifelhafte Jagden auf ausgesetztes Hochwild (s. Band II). Kurz darauf, am 15. September 1867 schrieb Gehegereuter Wallmann an die Königliche Jagd-Verwaltungs-Kommission:[42]

... Die Herren Hauptmann von Lobenthal vom hiesigen Garde=Regiment, Hauptmann Erdmann (Artillerie) und Fabriks-Direktor Ahlers haben mir gegenüber den Wunsch zu erkennen gegeben ab und an, an der jetzt eröffneten Feldjagd Theil[43] zu nehmen. Ich erlaube mir deshalb die gehorsamste Anfrage, ob es mir gestattet ist, beim Beschuß der Feldhühner jene Herren zuzuziehen.

Wallmann

Ich bin vollständig einverstanden und bitte nur den Herren Erlaubnißscheine seitens der Jagdkommission auszustellen.

Der erwähnte Jagd-Renn-Verein wurde von Offizieren des Militär-Reit-Instituts gegründet. Ein am 8. Juli 1867 ins Leben gerufene „Verein zur Förderung der Hannoverschen Landes-Pferdezucht"[44] betrieb ebenfalls das hierzulande aufblühende Jagdreiten als neuere Form der alten Parforcejagd. Erster

---

[42] Nach der Annektion erfolgte die Jagdverwaltung nur noch kommissarisch bis andere Organisationsformen für die preußische Provinz Hannover erlassen wurden.
[43] Die Jagd begann nach der Ernte, meist am 1. September, aber auch später. Das legte die Jagdverwaltung von Jahr zu Jahr fest.
[44] Später: Hannoverscher Rennverein

Sieger in der Geschichte des Rennsports in Hannover war der in der Anfrage genannte Rittmeister von Rosenberg. Sein Denkmal steht heute auf der Neuen Bult in Langenhagen.

Bild: Euhus

Jagd ohne jede Grenze -Wilddieberei

Wilddiebe wurden in früheren Jahrhunderten sehr schwer bestraft. Dies galt besonders, wenn sie niederen Standes waren. Andere Leute, die außerhalb ihres Bezirks jagten, hatten zwar einigen Ärger, es ging aber nicht an Leib und Leben. Amtsvogt Heinrich Lewa kam mit dem Verlust der Beute davon. Weitere Folgen hatte sein Vergehen nicht. Hannoverschen Bürgern nahm man Flinten ab. Auch Henning Deneke aus Kaltenweide musste – wie berichtet - die Waffe abgeben.

Da ging es Carsten Hardtman aus Hainholz ganz anders. Hardtman wurde 1593 in der Fürstlich Lüneburgischen Wildbahn beim Wildern ertappt und in Celle eingekerkert. Wir erfahren davon durch den in o. a. Akte eingeschlossenen Schriftverkehr. Carsten Hardtman wurde wieder freigelassen. Allerdings hatte man ihn in Celle dermaßen gefoltert, dass er kaum mehr am Leben war. So schrieben jedenfalls seine Freunde, die für ihn bürgten, damit er aus dem Kerker freikäme.

Petrarca-Meister: Gefangener auf der Streckbank

In einem Schriftstück ist dazu folgendes zu lesen: *„Die Bürgen beklagen, dass Hardtman in Celle dermaßen „torquirt" worden ist, dass sie ihn zum Teil heim schleppen mussten. Als sie mit ihm in den Bissendorfer Krug kamen, sei er dermaßen krank gewesen, dass diese glaubten, er würde in der Nacht mit Tod abgehen."* Hardtman musste vor seiner Entlassung Urfehde schwören. Das war damals üblich. Er beschwor, keinesfalls gegen die Personen vorzugehen, die ihn verhaftet, gefoltert und gerichtlich belangt hätten. Strafverfolger wollten sich so gegen spätere Rache sichern. Die Bürgen mussten ihrerseits dafür geradestehen, dass der Missetäter diesen Schwur befolgte. Außerdem sollten sie ihn wieder in Celle abliefern, wenn er erneut vom Gericht vorgefordert würde.

So kam es im weiteren Verlauf des Jahres. Die Beamten zu Celle beklagten sich erneut über *„das diebliche Wildpretschießen in der Wildfuhr des Witzebruchs"*. Weil sie keinen Schützen auf frischer Tat erwischt hatten, kam Carsten Hardtmann erneut in Verdacht. Deshalb forderte man den Kollegen Ambrosius Grosche (Amtsvogt von 1590 – 1594) aus Langenhagen brieflich auf, den Hardtman wieder nach Celle zum Gericht zu schicken, damit dieses ihn dazu befragen könnte. Als Beleg wurde eine Abschrift der damals geschworenen Urfehde mitgeschickt. In der Vogtei Langenhagen notierte der Schreiber am 15. Juli 1593: *Heute ist eine Copie der Urfehde des Carsten Hardtman eingetroffen. Aufgrund dieser Urfehde wird er wieder nach Celle einbestellt.*

Aus vielen überlieferten Prozessakten und Vernehmungsprotokollen wissen wir, dass die Befragung vor Gericht im 16. Jahrhundert nicht nur verbal sondern – etwa bei hartnäckigem

Abstreiten der Tat – durchaus „peinlich", also schmerzhaft unter der Folter stattfand. Auf diese Weise brachte das Gericht auch unschuldige Menschen zu unwahren Geständnissen. Folter auf der Streckbank kannte Carsten Hardtman bereits und wollte sie nicht nochmals erleben. Seine Bürgen, die ihn heimgeschleppt hatten, mochten ihn deshalb nicht ausliefern. Näheres ist dem Brief des Amtsvogts Grosche vom 28. Juli 1593 zu entnehmen.

Schreiben des Vogts zum Langenhagen wg. Carsten Hardtman zum Heinholtz, welcher wegen des Wildtschießens alhir gefenglich gesessen, und zu Bürgen handen loß gelassen, itzo aber wiederumb eingefordert wirdt

An den fürstlich Lüneburgischen Stadthaltern Canzlern und Rathen zu Zellen

[*Den weiteren Text habe ich gekürzt und in heutige Sprache übertragen*] Zunächst wird der Erhalt des Schreibens aus Celle bestätigt und der wesentliche Inhalt wiedergegeben, nämlich dass der zur Vogtei Langenhagen gehörige Carsten Hardtman aus Hainholz durch seine Bürgen wieder an Celle ausgeliefert werden soll, damit er besonders verhört werden könne.

Der Vogt bedauert, dass sich der Angehörige seiner Vogtei vom Satan habe versuchen lassen, in Lüneburgischer Wildbahn zu wildern. Er sei auch nicht unbillig in Haft gekommen. Darum habe er, der Vogt, sich auch niemals durch Bitten von dessen Freunden bewegen lassen, sich seiner anzunehmen. Er habe auf das Schreiben aus Celle hin die Bürgen vor sich gefordert, ihnen das Schreiben vorgehalten und mit Ernst auferlegt, ihren Prinzipal wieder in Haft einzustellen.

Diese hatten jedoch Einwendungen, die aus der beigefügten Supplikation zu ersehen sind. Die Bürgen beklagen, dass Hardtman in Celle dermaßen „torquirt" worden ist, dass sie ihn zum Teil heim schleppen mussten. Als sie mit ihm in den Bissendorfer (?) Krug kamen, sei er dermaßen krank gewesen, dass sie glaubten, er würde in der Nacht mit Tod abgehen. Zudem habe er (der Vogt) Erkundigungen eingezogen und festgestellt, dass Hardtman nur noch zwei Mal in Hannover gewesen, sonst aber Hainholz nicht mehr verlassen habe und keinesfalls mit der Büchse schießen könne. Der Beklagte habe ihm zudem versichert, dass er sich nie wieder zu solchen Sachen verwenden lassen wollte, es wäre ihm eine Lehre gewesen. Deshalb bittet er, den Delinquenten zu verschonen.

Die an ihn gerichtete Bittschrift der Bürgen fügte Ambrosius Grosche bei. Unterzeichnet hatten Henni Kotthöner und Clawes Hartman. Den Text verfasste allerdings ein Rechtskundiger, denn er enthält viele lateinische Einsprengsel, die Hainhölzer Bauern sicher nicht geläufig waren. Hier die Bittschrift (gekürzt und vereinfacht):

Dat Hannober den 26ten Juli ao 1593:

Die Unterzeichner bestätigen den Erhalt eines Schreibens des Statthalters zu Celle und das sie den Inhalt verstanden hätten. Sie seien als „fide Jussores" und Bürgen gefordert, Carsten Hardtman wieder nach Celle zu bringen, wenn weitere Verhöre nötig seien. Ihnen sei ihre Verpflichtung klar. Aber sie wüssten sich nicht zu helfen, denn der genannte Hardtman sei seit der

Zeit, da er mit *„solch excessn sich solte verttretten haben, er-achtens der fürwitz // weil er dieserweg peinlich verhöret, und dessen noch täglich empfindet, sein tage des lebens auch woll wirt eingedenck sein // sei ime satt genug gebüsset, das ihm nach unserm wilde nit mehr verlangt ...“*

Sie könnten sich nicht dazu finden, den Hardtman „ad secundam torturam“ [zur zweiten Folter] zu liefern. Er sei doch zuvor unschuldig gewesen. Er solle zwar ein Stück Wild für Hans Blomes Hochzeit geliefert haben, das sei ihm aber keinesfalls zu beweisen, dies müssten ihm alle Hainholzer Männer zugestehen.

Die Absender bitten den Vogt daher, sich für Carsten Hardtman zu verwenden, denn eine zweite Tortur sei doch nicht rechtens. Sollte er sich aber unbedingt erneut einstellen müssen, bitten sie für ihren Prinzipal um freies Geleit. Der Brief schließt mit den damals üblichen Gruß- und Dankesformeln.

Am 1. August 1593 wandten sich die Celler Räte wieder an Ambrosius Grosche. Sie drangen darauf, den Hardtman wieder in ihre Amtsgewalt zu bekommen. Ob sie Erfolg hatten, ist aus den Akten nicht zu entnehmen.

Die Wilderei in der Lüneburgischen Wildbahn hörte trotz solcher drakonischen Maßnahmen nicht auf. In dem vorliegenden Aktenkonvolut befindet sich noch ein weiterer Briefwechsel mit den Nachbarn aus dem Jahr 1598. Diesmal wurde Herzog Heinrich Julius sinngemäß Folgendes mitgeteilt: *„Es ist ein Wildschütz namens Herman Inelenicht Edelhorst im Wietzen-bruch beim Wildern erwischt und in der Vogtei Langenhagen in Haft gesetzt worden. Man bittet diesen zur Befragung zu* *überstellen.* " Welche Art der Befragung dem Wilddieb drohte, wissen wir aus dem Verfahren mit Carsten Hardtman. Zum weiteren Verlauf dieses Falles enthalten diese Akten nichts. Man kann aber davon ausgehen, dass eigene Untertanen nicht so ohne weiteres fremder Jurisdiktion ausgeliefert wurden.

Petrarca Meister – Gerichtsszene im 16. Jahrhundert

Der Angeklagte wird gebunden vorgeführt. Der Richter sitzt auf einem Thron. Der Stab in seiner Hand, wird im Falle eines Todesurteils über dem Angeklagten gebrochen. Von der Lehne des Richterstuhls hängt die abgezogene Haut eines Delinquenten herab – Symbol für barbarische und womöglich ungerechte Urteile der Zeit.

Dokumentation

Streit um die Jagdgrenzen mit der Altstadt Hannover

Brief der Vögte vom 23. November 1586

*„Durchleuchtiger Hochgeborener Fürst, E.F. G. Sein unsere un-
terthenige und bereitwillige Dienste zuvor, Gnädiger Fürst und
Herr, Nachdem in Sachen so sich zwischen E.F.g. Hause Calenberg in der Voigtei Langenhagen zum einen und dero Stadt
Hannover der Jagt und Schießens halber, nach Hasen, Rehen
und Fedder Wildtpredt streitig erhaltent anderstheils wir uf
schirstkünfftig Dienstag pg Catharine wirdt sein der 29te huius
zu früher Tageszeit ghen Wulffenbüttel uf fürstlich Canzlei für-
beschieden sein, wir uns auch alda zu erscheinen und in dieser
Sachen Verhör und Bescheits zu erwarten schuldigk erkennen,
so ists doch an dem, das Ich der Großvoigt die Zeitt anderer
E.F.G. Sachen halber verreisen muß und dieselbe Taghaft ohn
der beclageten Parteien sonderlichen Schaden und Nach-theill
nicht woll wendig machen kann, und also mir dem Ambtmann
bey der Vehste zu bleiben oblige und gebüren will, und es
dann an deme, das uns von diesen Sachen mehr nichts als was
uns dabevoro Heinrich Lewa, der die Voigtei Langenhagen nun
… geraume Jahre hero in Verwaltung gehabet und noch, und
sich des Orts der Jagten gebrauche und gewesen berichtet,
und sich bei sollicher seiner Verwaltung zugetragenen und be-
geben wißent. Demnach stelle in E.F.G. gnedigen Bedenken
und Gefallen wir hiermit unthetheniglich, ob dieselben sollichen bestimbten Tag für sich gehen laßen oder dann ob woll
Heinrich Lewa der den besten Bericht von diesen Sachen
wüßte und thun könnte, pillig in termino erscheinen und den*

Sachen beiwonende so wirt doch derselb dießmals seine Leibs-
schwachheit und sonderlich das er seines Gehörs vast beraubt,
unsers erachtens fürwenden, und daher diesen Tag nicht be-
suchen und keinen Vortgang gewinnen können. Damit aber
solliche Sache aus dem Grunde verhört und darüber eigentli-
che Information eingenommen würde, so stellen wir zu E.F.G.
gnädigen Bedenken, obs nicht ein Weg, das E.F.G. dieses als
etzliche von Räthen und Commissarien geordnet, diese Sachen
in Gegenwart Heinrichen Lewens und der eltesten in der
Voigtei Langenhagen gesessen, die darzu umb so viel bequemer zu Langenhagen beschieden werden können und alsdann
E.F.G. diesfalls nach Nothdurfft zu referieren und zu berichten
dann ohne der eltesten Männer so hiervon Wissenschaft haben, Beisein, und in dieser Winterzeitt schwerlich gegen Wulffenbüttel und in sollicher Eil gebracht werden können, hierin
weinigs fruchtbarliches geschaffen werden will noch kann,
und man hette denen von Hannover (mit Anzeigung wie ihre
Bürger zu sollicher vermeineten understandenen Jagten zu
vielmahlen verhindert und turbiert) in specio anzuzeigen und
darzuthun, und könnte desselb den Sachen umb viel mehr für-
träglicher und ersprießlicher sein. Was aber E.F.G. hirin vor
dienlicher und vor bequemer zu sehen und beschaffet haben
wollen, darinnen wollen wir uns in aller Unterthenigem schul-
digem Gepühr zuerzeigen und zuerhalten wissen. Dat uf E.F.G.
Vehst Calenberg dem 23ten Novembris Anno 86

E.F.G.

    unterthenige und gehorsamb
    willige diener

    Cunradt Wedemeier

Brief der Vögte vom 25. Mai 1588

„Durchleuchtiger Hochgebohrener Fürst E.F.G. sind unser untertheniger getreuer Dienstschuldiger Gehorsamb zuvor, Gnediger Fürst und Herr E.F.G. geben wir in Undthenigkeit wollmeinlich zu erkennen, das wir uns auß undtheniger treue schuldig und Verpflicht wissen, so woll alle e.f.g. habende und ersessene Gerechtigkeiten Vleißes in Acht zu nehmen, aber auch deren Jagdt Gerechtigkeiten durch Continuirung und exercitation der Jagdt zu befürdern und dieselbe e.f.g. nicht verschmelern oder davon etwas abzwagken zu laßen. Dieweil wir aber befinden, das in e.f.g. Vogtei Langenhagen die Bevolgen ? gegen die Lüneburgischen seit Herzogk Erichs hochseliger Christmilter gedechtnuss todtelichs Abgangk nach Notturfft nicht bejaget worden. Haben wir underthenige verfügte Bedeutung wodurch e.f.g. an Ihre althergebrachte … Gerechtigkeit in künfftig nicht geringe schmelerung zu sehen kundte.

Dan obwoll e.f.g. auch alleine im Hartbruche und der Sandersriede und an anderen mehr Örtern so im Lüneburgischen Grundt und Boden belegen, zu Jagen berechtigt, so jedoch solche Gerechtigkeit in oberwendter Zeit nicht continuirt und geübt worden, womit das die Lüneburgischen gantz woll friedtlich sein können, und wehren hierdurch von ihren oneribus ex servitsutibus venationum[45] alß gefreiet. Dadurch e.f.g. dieser Gerechtigkeit pro non usum hiernegst verlustig werden

---

[45] Jagdsteuern und Jagddiensten (Dazu mehr in einem gesonderten Kapitel).

*köndten. Dan es hierumb dießer Gelegenheit hat, wa in ver-
melten Lüneburgischen Örtern & Mittjagt e.f.g. jagen wollen,
etzliche LüneburgischeUnderthanen schuldig und verpflicht
sein, vor den Bahnen[46] aufzuwarten und darzu gehelffen.*

*Es muss auch die Dorffschafft Reß, so ungemittelete Lüneburgi-
sche Undthanen sein, wann von der Jagt der Jager zue Dörff
kumpt, denselben herbergen, mit nottürfftigem essen und
tringken versorgen, auch jeder Haußman den Hunden ein
Brott zum Besten geben, wie das die alten Grentz Recesse zwischen Lüneburgk und Braunschweig aufgerichtet, und die alte
Leute solches wissen und bezeugen müssen.[47]*

*Dagegen aber wissen die Lüneburgischen ihrer Jagtgerechtig-
keit durch fleissige Übung sich gantz woll zu gebrauchen. Und
wan sie Jagen tretten offtmalig über die Grentzen aus der Lüneburgischen Forst zutage und Nacht etzliche Stügke hohes
Wildes herrein, welche leichtlich zu bekohmen sein köndten.
Wann man aaldar in der Vogtei mit Wiltgarn und zwei od. 3
Zeugkwinden[48] und etzlichen wenig Hunden gefast wehr.[49]*

*Ob auch woll e.f.g. bestallter Jeger vergangenen Winter alhier
gejaget, so haben doch damals grosses Wassers, auch Frosts
und Eises wegen, und man sich der Jagtgerechtigkeit nicht*

---

[46] Das sind die mit Tüchern abgeteilten Bereiche in die das Wild getrieben wurde.
[47] Die Leute aus Resse hatten allerdings überhaupt keine Lust, Jägern aus dem benachbarten Fürstentum etwas zu geben. Ihnen
reichten sicher die Abgaben an ihre eigene Obrigkeit.
[48] Trommeln, auf die man Netze oder Stricke mit Lappen aufgwi-
ckelte. Die dienstpflichtigen Bauern mussten sie auf ihren Ackerwa-
gen transportieren.
[49] So etwas nennen Jäger heute „Abstauberjagd"

*geprauchen können. Ohne das auch, wan er alhier kumbt, es
die Gelegenheit nicht gibt, das etwas an hohem Wildtpret vorhanden, sondern die Zeit und Gelegenheit in Acht genohmen
werden muss. Hatt auch allein Rehgarn bei sich gehabtt, welche den Stellstedten an den Grentzen, vermöge der Recess
gantz unehnlich, und alß damit an hohem Wildprett nicht woll
etwas zu fahen gewesen. Dagegen sind bei Heinrich Lewen
stargke Wildtgarn zu hohem wilde, welche zu den Stellstedten
an erwendten Grentzen ebenmässig gemacht, zu überkohmen
und kundte e.f.g. ihne dieselb durch ande woll abhandeln lassen.*

*Und auch den zu continuirung und erhaltung e.f.g. bißhero er-
sessenen Juris Venationis und ...gter der Lüneburger Dienst-
barkeitten, unsers einfältig Erachtens der hohe notturfft will,
das die Jagt Grentz das Garn zu etzlichen Mahlen bejagtt worden. Solches auch zu Behueff e.f.g. Küchen und Essens für-
treglich sein, und dagegen woll ein Jeger und zwei od drei
Strigk Hunde gehalten werden können. Wie dem auch sonderlich die Hochlöblich Fürsten e.f.g. Vorfahren, zu erwendter Behueff und besserer Unterhaltung der Hunde, anfangs den
Rottzehndten[50] des Orts, weil derselbe noch etwas geringer
gewesen, den Vogten jahrlichs haben folgen lassen, auch ihre
f.g. selbe zu Zeiten nach deren Gefallen außerhalb dieser
grentzen gejaget.*

*So stellen e.f.g wir diese Gelegenheit mit Gnaden hochver-
nünftig zu bedengken underthenig anheimb, und zu deren
gnedigen Gefallen. Ob dieselbe einen gueten Gesellen aldahier
für einen Jeger bestellen, und denselben etwan ein, 2 od 3*

---

[50] Dieser Zehnte musste für neu gerodetes Land gezahlt werden.

Strigk Hunde halten lassen wollen. Und kundte zu solchem Dienst, einer so Hanß Küke genandt, und bei Heinrich Lewen bey 18 Jahren uff der Jagt sich geprauchen lassen, deme alle e.f.g. Jagtgerechgkeiten und Grentzen zum Besten bewust, nach deroselben gnedigen Willen gepraucht werden. Wie dan der Voigt Barthold Volger, denselben Knecht uff seine eigenen Unkosten diesen gantzen Winter e.f.g. zum Besten bei sich uf-gehalten und noch.

Weil auch imgleichen e.f.g. mit der Mitjagt im Gericht Steuer-walde[51] an etzlichen Örtern uf der Grentzen berechtiget sein, gleicher gestaldt auch der gantze Deister bisweilen bejaget werden sollte. So kundte alsolche Gerechtigkeit zu continu-iren, dieser Jeger und die Hunde auch anhero gen den Calen-perg und also ab und zu gebraucht werden.

E.f.g. aber wollen wir hiermit wie die Anordnung allenthalben zu thuen sein mügte, nicht fürschreiben, sondern lassen uns underthenig gefallen, was dieselb diesfals ferner beschafft ha-ben, und anordnen lassen wollen.

Und haben also aus undertheniger wollmeinung und unser schuldigen Verwendtungs nach dieses e.f.g. erinnern und ver-melden wollen. Damit wir künftig der f.g. An deroselben bis-hero continuirten Jagtgerechtigkeit also etwas hirnegst abge-hen sollte, um so viel mehr zu Gnaden entschuldigt zu halten sein, und anderweit ungnedig nicht mügten verdacht werden.

S.f.g. Seind wir zu underthenigen getreuen Diensten jeder zeit bereitwillig und geflissen. Datum Calenberg den 25. May 1588

---

[51] Gehörte als Amt zum zum Bistum Hildesheim und war nach der Hildesheimer Stiftsfehde 1519 – 1523 nicht von den Welfen annek-tiert worden.

E.F.G.

Underthenige und
gehorsame Diener

Conrad Wedemeier [Großvogt zu Calenberg]
Johan Osterwaldt"

Hofgerichtsurteil aus dem Jahr 1597

„Der Stadt Hannover Jagtgerechtigkeit.

*Wie weit der Stadt Hannover Jagtgerechtigkeit sich erstregke,
ist aus dero in ca[us]a Hannover c[on]tra Langenhagen ge-
sprochenen undt hernachgesätzten Uhrteil zu ersehen. Uff
Clageantwort vorführte Beweisunge ad perpetuam rei memoriam, auch Jagenbeweisunge und ferner einbringen die Jagt
undt Weidewergk belangende Syndicen, Bürgermeister undt
Rathmannen der Stadt Hannover clagen an einen undt consti-
tuirten Anwalden der Innehaber und Beambten dero Vogtey
Langenhagen undt Calenbergk, Beclagten anders theilß, erkennen wir, Vicehoffrichter undt Beysitzere des Fürstl. Braunschw. Hoffgerichts zue Helmstedt, nach gehabtem Raht dero
Rechtsgelerten vor recht ausgeführten Gezeugnüßen undt den
Acten allenthalben so viel erscheinen, daß Cleger bey ihrer
hergebrachten Gerechtigkeit undt Possession Hasen, Füchse,
Enten und Rebhüner in ihrer Feltmarckt und Kuhweide, wie
dan auch in der Eylenriede Rehe zue schießen, zue hetzen, darnach zue kuhren undt zue stellen, billig gelaßen undt geschüt-
zet werden. Eß möchten dan die Beclagte in possessoris plena-
rio oder petitorio ein anders außführen, darmit würden sie billig gehöret und erginge alß dan ferner waß Recht ist von
Rechts wegen.*

Urkunden

Rezess Herzog Erichs aus dem Jahr 1529

Der Rezess bestimmte die hannoverschen Weidegebiete in Abgrenzung zur Vogtei Langenhagen. Im späteren Druck überliefert. Der Rezess ist noch im seinerzeit üblichen Niederdeutsch verfasst.

Wy Erich van Gotts Gnaden, Hertoge tho Brunswigk und Lüneborch etc. bekennen openbar in düssen Breve vor Uns, Unsere Erven, Ersnamen, Nachkommen und als weme, So wy myth den Ersamen Unsen leven getruwen dem Rade und Geschworen, ock den gemeinen Börgern Unser Stadt Hannover itlycker getredden Wysche und Kempe, ock itlickes to groten Holte uth dem Roder Bussche by der Eilenriede belegen, einen Tydelank tweylüftig gestanden unde errich gewesen, und Se Unser verordethen Reden öre Privilegia Zegel und Beve vorgeholden unde gelesen Vormeldende, wo dat Se van unsen Voreldern besorget , Se bey Dryften

Weyden, Gerichten, Wonheyden unde Rechtychehyden to
Latende de Se in unsen unnde öres sälvesten Holten gehadt
etc. Unde ock dat se dat holt dath de Eylenriede hoth, by
Hannover tho ocken mögen unde Holt dartho planthet unde
thohegeth und tho oketh, scholde ohr myth der sulven Eylenriede egen blyven etc, Wo dath de sülfsten Breve vormel-
den etc. So hebben wy Uns uth Fürstlycker dogeth unde
gneddigen Thonegung ock um öres truwen Denste wyllen,
den se Uns gedan, unde noch tokumpfstygen, Uns unde Unsen Erven donde werden, unde schullen umme aller Gebre-
cke, de wy tegen Se, und Se tegen Uns wedden (dersülfstigen
Gebrecken weite an düsse Dach erwassen) gehad nychts
Buthen bescheden grüntlick undde entlick Vordragen in na
beschrebener wyse, so dath in thokommenden Tyden twi-
schen Uns, Unsen Erven unde Nachkommen und Unsen leven getruwen Rade und gemeinen Börgern Unser Stadt
Hannover und ören Nakomen, öre Medehode und Wyde,
ock örer Holthe halven nye arrynge mehr erstanden und er-
spruten schall. Naddemme Wy alle Tyde nycht anderst ge-
negeth gewesth ock noch Jegenwardigen, öhne dath Jene
dartho se berechtygeth to nemende: Sondern vele mehr tho
hanthavende, unde hebben öne de Gnade gedan, dath se
myth örem quecke mögen hoden und driven, wo se van ol-
der gedan, uth Hannover na de Lyst dorch dat Quanshoel
dath Lystholt entlanck, wente up de Kröningen, van der
Kröningen over de Wische, de wy sülvest getreddeth unde
afgemarcketh endtwers unde entlanck vor dem Graven her,
vor Hamelmans Wysk over wente an den Kluß vor den
Nygen Hagen, wath uppe düsse Halven dem Graven na der
Stadtwarth hen uthbelegen, dath sy denne olde edder nye
Wysche, schal by der gemeynen Weyde unde Hude bliven
nichts buten bescheden, van der Kluß vor dem Nygen

Hagen wedder af umme de Dorynge rundt her vor Gotershorne uth bescheiden Hasenkampe unde Lutermans Wysck
und Meyger Ardes Wysck, de itzunder Cord Wehde heft,
unde der Fynckenfenger Wysck, de schullen bliven alse itzunder syn, unde nicht grötter gemaketh werden, van Gotershorne wedder af, vor de Schulenborch her wente up de
Kluß vor Engelborstel, van der Kluß wedder af wenthe an
de Stöckmer Vorth, van dem Stöckmer Vorde vor der Stranckryden herr na der Marsck under wedder nah Hannover,
ock schullen thokumpftigen neyen Wysche noch Kempe
mehr uth der gemeynen Weide gemaketh werden. Ist nu
dath darboven scheige, unde Unsem Ampte vorwilligeth
worde, schullen de vorschaffen, dath se van stundth afgedan
werden, th behof der gemeynen Weiden, dar aver Unse
Ampte darinne sumych worden, und syck des Beschwerden
unde an Uns Unse Erven edder Nachkommen ersockt
worde, wylle wy unde schullen beschaffen, dath sodans afgedan schall werden, ock schall Clawes van der Dorynge
Wysck unde dat Huß dat genompt ward de Ovelgunne
myth syner Tobehöringe unde dat Huß vor dem Heinholte
belegen, myth dem Garden unde Kempe unde aller Tobehöringe dat uth dem Gemeynthe ggenommen isth, unde dath
schall allenth wedder by kommen unde bey der gemeynen
Weyde und Hode bliven. Ock mögen de Borgers und Inwoners tho Hannover mede hoden lathen myth örem quecke
wente de Wilburgis dage unde eycht lengk undde den wedder, wann dath Gras unde Korn afgemeyeth isth, van den
Wyschen und Kempen over all de Wyschen und Kempe her,
sy weyeth se myth örem Quecke uth unde In künnen langen, dath öne und ören Herden van Nemanden schall verboden werden. Wenn aberst Masteh in den Holten is, schall
men dar myth nynen Quecke vordriven, Idt wer denne de

mit achtworde darinne berechtygeth weren, Idt gescheie
denne myt willen, Ock hebbe wy uth sünderlige tonegung
Gunst unde Gnaden, so wy tho dem Rade tho Hannover
unde der gemynen Stadt hebben, uth gnaden und guten
Willen vor guth unde nachgegeben hebben, dath se den
Plaß, den se itzundes tho de Eylenriede uth dem Roder Bussche togeockenth hebben mögen Erstlikke besitten unde be-
holden, und schall dar myth der Eylenriede egen bliven,
dath Holth tho bruckende tho örre Stadtnütthe, und hebber
öne dergestalt gegeven, dath se dar schüllen hertheyen ey-
nen Graven Achtheyne Vothe weyeth nah dem warth unde
den Upworp nach der Eylenriede th werpende, dorch welken
Graven dath Water schall lopen tho Behof und reddinger ö-
rer Holthe, unde Unser anderen armen Underthenen örer
Wysche werde vor schaden waterswegen tho vorhodende,
unde dath Water daruth tho leydende. Ock schollen de Vor-
nompte Unde leven getruwen Radth unde Börger tho Hannover tho ören Holten to kümpftige uth dem sülftigen Bu-
sche nycht mehr to ocken edder hegen, sündern den sülftigen Busch brucken ynth gemeyne myth Unsen anderen armen Underdanen, wo beter gescheye, ock schüllen se öre
Holthe, dath de Eylenriede heth myth örer thobehöringe
nycht grötter maken, sünder se so lathen un d Erstlicken be-
holden unde to bruckende nah örer Bequemlychkeit, in aller
gestalt, alse de itzundes in Besittunge und weren hebben.
Sundern Unse, Unser Erven, Erfnamen undth Nachkomen
noch Nemandes Vorboth. Ock schall düsse Vorschryvinge
Unsen Leven getruwen den Radt und Gemeynen Borgere
Unser Stadt Hannover in ören andren Privilegien und Ver-
schreyvingen, ock olden Herkommende und Wonheid, de se
Unsen Vorelderen edder van Uns hebben, unschetlick syn,
deß wy so stendig und bekennych reden und loven, ock so

dans vor Uns, Unse Erven, Erfnamen undth Nachkomen
unde alß wenne Jegenwardich in Macht düsses Breves den
Erbenomten Unser Leven getruwen den Radt und Gemeynen Borgere Unser Stadt Hannover Stede, vest unde onvor-
brocken in guden Truwen wol tho holdende, unde hebben
des tho warer Orkunde düssen Breff myth Unserem anhan-
gen Fürstlicken Ingessegel, unde under gescrevenen Hand-
thtecken befestigeth.

Nach Christi Geborth vefteynhunderth darna in deme negen
und twintigsten Jahre, am Dage Mariae Magdalenae

L. S. Herzoge Erich etc.

Verleihung des Jagdrechts an v. Mandelsloh 1631

Dem Veit Curd von Mandelsloh auf seine Lebzeit vergönnte
Unterjagd nebst Rebhuhnfang in der Voigtey Langenhagen

*Von Gottes Gnaden wir Friedrich Ulrich hertzog zu Braun-
schweig und Lüneburgk verkünden und bekennen hiermitt für
uns und unsere Erben undt Nachkommen gegen alle menniglu-
chen bezeugendt, Da uns der P... Rath und Commissarius unser lieber getreuen Veit Curd von Mandelsloh unterthenig für-
bringen laßen, welchergestalt er in unserer Voigtey Langenhagen seine Wohnung hatt, undt derowegen in unterthenigkeit
gebeten, wir müchten ihm die unterjacht neben dem
Rephuhnfangk ad vitam in gnaden zuwenden, undt verschreiben, das wir demnach solchem unterthenigen suchen umb seiner uns zeithero geleisteten untertehnigen getreuen dienste
willen, welche uns er auch noch fürderß leisten soll, kann und
will, in gnaden statt gethan. Thun daß zuwenden und*

verschreiben Ihme solche unterjagt undt hünerfangk in gerür-
ter unserer Voigtey Langenhagen hiemit und in Krafft dieses,
Derogestalt daß er dieses, jedoch cumulative die zeit seines le-
benß ohne unsere oder der unserigen behinderung Nutzen
nießen undt gebrauchen soll und mag.

Inmaßen wir dann Ihme dabey gesagte Zeit über manuteniren, schützen und handthaben wollen. Dagegen soll unß und
unserem Land er ferner getreue undt hold sein undt alles
daßjenige weiter thun laßen und befodern, waß einen getreuen Rath, Landtsaßen und LandtCommissarius eignet undt
gebürett getreulig undt ohne gefehrde. Zu urkund haben wir
diese begnadigung hierauf mitt eigener handt unterschrieben,
und unseren fürstlichen Pitschafft befestigett. Geben auf unserer Vestung Wolffenbüttel am 1ten Febr: Ao. 1631

Friedrich Ulrich   Locus

                               Sigilli

Bildnachweis:

Alle Abbildungen und Grafiken sind – soweit nicht anders vermerkt – Eigentum des Verfassers

„Erich von Calenberg II“ von Unbekannt - Later versions were uploaded by Michael Gäbler at de.wikipedia. 2006-10-22 (first version); 2006-12-14 (last version). Lizenziert unter Gemeinfrei über Wikimedia Commons - http://commons.wikimedia.org/wiki/File:Erich_von_Calenberg_II.jpg#mediaviewer/File:Erich_von_Calenberg_II.jpg

Freuden und Leiden der Jagd in lithographierten Bildern von J. David, Frankfurt a. M., Verlag F. C. Vogel ca. 1835

Denkmal General von Rosenberg. © Euhus - Eigenes Werk, CC BY-SA 3.0, https://commons.wikimedia.org/w/index.php?curid=20500796

Quellen:

---

[i] Quelle: Archäologische Kommission für Niedersachsen, Neue Ausgrabungen und Forschungen in Niedersachsen Band 7, Hildesheim 1972

[ii] Hannover 74 Hannover-Langenhagen Nr. 297 Höltingsgerichtsprotokoll, Umschlag der Akte: Höltings-Gerichts-Protokoll zu Engelbostel de 1574
NB das Datum des Höltingsgerichts-Protokolls ist nicht ersichtlich, vielleicht ist dasselbe nur ein Concept, denn es sind andere Sachen zwischen geschrieben. Die 2te Urkunde mit einem Nachtrag von 1574 ist anscheinend ein gutachtlicher Bericht oder eine Resolution über mehrere Sitzungen in Forstangelegenheiten.
Nach der Acte Lagerbücher ist das Hölting zu Engelbostel 1528 gehalten.

[iii] Cal Br. 2 Nr. 1373 Der Voigtey Langenhagen Jagdgerechtigkeit 1588

[iv] Cal. Br. 8 Nr. 756 Der Stadt Hannover streitige Jagt- und Weidewerks-gerechtigkeit, mit der Voigtey Langenhagen ao 1583 bis 1589 wobei des Brandis zu Hildesheim Bedenken

[v] Hann. 78 Nr. 1110 Von der Hannöverschen Hude- und Weyde- und Jagd Schneede nach dem Recess Herzog Erichs Hochfürstl. Durchl. de Anno 1529

[vi] NLA Celle Br 57 Nr 72: Jagt-Sachen betr: die von dem Vogt zum Langenhagen im Bißendorfer Felde bey dem sogenannten Haus Hertz Kirchhofe unternommene Hasen-Jagt 1571

[vii] Cal Br. 2 Nr. 1351 Differentien zwischen Langenhagen und Burgwedel wegen verrichteter Jagd 1650 vom Braunschweig Calenbergischen Oberjägermeister zu Hannover zwischen Bothfeld und Isernhagen